KB261088

얼굴의 미학

윤명중 지음

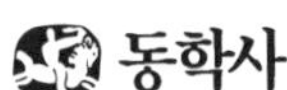 동학사

발상(發想)의 비밀

대학을 졸업한 뒤 24년간 언론계에 몸을 담아왔던 필자가 이런 분야 밖의 글을 쓰게 된 것은 많은 사람들과 접촉을 하는 직업과도 관계가 있습니다.

대체로 세상에서 이른바 출세를 했다거나 성공을 했다는 사람은 얼굴 자체에서 풍기는 인상이 다른 것을 느낄 수 있었던 것입니다. 이마가 시원스럽게 벗겨졌다든가, 코가 크고 힘차게 뻗어 있다든가 하는 그런 것에서 느껴지는 활력입니다.

그러던중 한 20년 전에 우연히 서양의 점성술에 관한 책을 읽어 보았습니다.

그뒤 취미삼아 관상(觀相), 수상(手相), 사주추명학(四柱推命學), 구성술(九星術), 수령술(數靈術) 기문둔갑법(奇門遁甲法) 등 운명을 예측하는 갖가지 서적들을 기회있는 대로 읽어보았습니다.

여기서 터득한 것은 이런 종류의 책들이 공통적으로 갖고 있는 '발상

(發想)의 비밀'입니다. 실제로 맞건 안 맞건 발상 그 자체에는 제법 과학적인 논리체계를 갖고 있는 것도 있습니다.

중요한 것은 인간의 생리 현상에 〈바이오리듬(Biorhythm)〉이 작용하는 것처럼 인간의 일생도 주기적인 '운세의 리듬'이 있다는 사실입니다.

또 한가지 간과할 수 없는 것은 이러한 발상들이 실제로도 제법 통계적인 뒷받침을 갖고 있다는 사실입니다. 일전에 우리 나라 신문에도 기사가 났습니다마는 히다찌(日立)의 직계 과학기기 메이커로 연간 3조8백억원의 매출실적을 올리고 있는 닛세이 상교오(日製産業)가 사원채용과 배치에 관상학을 도입한 것은 1967년부터였습니다. 이것은 사원의 얼굴모양, 눈, 표정, 안색 등 여러 가지 데이터를 분석해서 회사가 바라는 타입의 사원상(社員像)을 추출해 놓고, 거기에 맞는 사원을 뽑는 방식입니다.

그런 것을 믿고 안 믿는 것은 전혀 독자의 자유입니다. 그러나 필자가 그동안 사회생활을 통해 느낀 것은 남녀노소나 사회적인 지위에 관계없이 대부분의 사람들이 이런 일에 비상한 관심을 갖고 있는 것입니다. 그중에는 상당히 연구를 한 분도 있고, 단편적인 상식 같은 것을 갖고 있는 사람도 있었습니다. 그런 분들이 오랜 기간과 시간을 허비하지 않고 일목요연(一目瞭然)하게 알 수 있도록 이 글을 쓰기 시작했습니다.

그러나 이 글 속의 내용은 한가지도 필자가 꾸며낸 것이 없습니다. 예로부터 인류의 지능이 생각해 낸 것들을 알기쉽게 추려서 옮겨놓은 것뿐입니다.

취미로 우표를 수집하는 사람처럼 여기 쌓인 '발상의 비밀들'도 필자가 취미삼아 수집한 것들입니다.

취미삼아 읽어 보시면, 배우자를 골라야 되는 적령기의 남녀로부터 사위·며느리를 보아야 하는 그 부모들, 그리고 사람을 써서 사업을 움직여야 되는 기업가에 이르기까지 이 글은 크게 도움을 드릴 것입니다.

지은이

얼굴의 미학

프롤로그

코는 자기 자신을 상징한다 ———————————— 29

이마가 세상을 움직이고 있다 ——————— 59

눈은 마음의 창이다 ——————————— 83

부　록

손에도 얼굴만큼 표정이 있다 ──────────── 197

프롤로그

프롤로그

천하를 다스리는 〈이마〉

'왕장의 상(王將之相)'이라는 말이 있습니다. 예로부터 천하를 다스리는 사람은 관상학적으로 얼굴이 이러이러하게 생겼다는 것입니다. 그 중요한 특징 가운데 〈이마의 넓이〉와 〈귀의 위치〉가 있습니다.

〈사진 1〉을 보아 주십시오. 지난 85년 5월 2일부터 서독의 본에서 열렸던 서방(西方) 7개국 경제 정상회담에 참석한 각국 정상들의 기념 사진입니다. 오른쪽부터 멀로니(Mulroney) 캐나다 수상, 나카소네(中曾根) 일본 수상, 레이건(Reagan)미국 대통령, 콜(Kohl) 서독 수상, 대처(Thatcher) 영국 수상, 미테랑(Mitterrand) 프랑스 대통령, 크락시(Craxi) 이태리 수상이며 맨 왼쪽은 EEC 사무총장입니다.

이 얼굴들을 보면서 새삼스럽게 느껴지는 것은

〈이마의 넓이〉입니다. 이마가 넓다고 다 천하를 다스리는 것은 아니지만, 천하를 다스리는 사람들은 대개 이마가 시원하게 넓다는 공통점이 있습니다.

이마가 넓은 것을 어째서 좋은 상(相)으로 치는가? 옛날 사람들의 생각은 머리꼭대기를 하늘로 보고, 이마는 '하늘의 뜰(天庭)'로 여겼습니다. 이러한 발상에서 볼 때, 하늘의 은덕이 내려와 쌓이는 이마는 시원스럽게 넓을수록 좋은 것이라 볼 수 있습니다.

다른 분야에서도 두각을 나타내는 인물은 거의가 넓은 이마를 갖고 있습니다. 평소에 잘 알고 있는 사람들을 살펴보십시오.

〈사진 1〉

1985년 5월 서독 본에서 열렸던 서방(西方) 7개국 경제 정상회담에 참석했던 각국 정상들의 모습이다. 오른쪽부터 멀로니 캐나다 수상, 나카소네 일본 수상, 레이건 미국 대통령, 콜 서독 수상, 대처 영국 수상, 미테랑 프랑스 대통령, 크락시 이태리 수상, 맨 왼쪽은 **EEC** 사무총장

귀를 보면 〈옷 속의 사정〉도 짐작할 수 있다

이번에는 귀의 위치입니다.

동물의 세계에서 귀는 적의 공격을 미리 탐지하는 〈레이더〉의 역할을 해왔습니다. 인류의 조상도 원시시대에는 귀가 윗쪽으로 치솟아 있었다고 합니다. 그러나 부족사회를 거쳐 도시국가로 발전하는 과정에서 사람들은 그렇게 우뚝 솟은 귀가 필요없게 되었습니다.

오늘날의 귀는 조용히 애인과 사랑을 속삭이거나 감미로운 음악을 듣는 정도로 충분합니다. 다시 말하면 귀는 인류의 진화와 함께 점점 아랫쪽으로 내려붙게 되었습니다. 따라서 그 시대에 가장 진화된 사람은 남보다 귀가 아래로 붙었을 것이고, 미개한 종족일수록 아직도 귀가 위로 치솟아 있을 것입니다. 진화된 사람이 미개한 사람을 다스리는 것은 당연한 이치입니다.

〈사진 2〉는 요르단 왕국 훗세인(Hussein) 국왕의 모습입니다.

이마의 넓이는 물론 귀의 위치가 몹시 아래로 내려와 있는 그야말로 '왕장의 상'입니다.

용비어천가에 보면, 이성계가 이씨조선을 세우고 임금이 된 것은 그의 귀가 유별나게 길기 때문이라고 쓰여 있습니다. 귀[耳]의 상이 왕장(王將)을 가려 내는 것입니다.

다음 〈그림 1〉을 자세히 보아 주십시오. ①은

〈사진 2〉

요르단 왕국의 훗세인 국왕의 모습이다. 이마는 물론이고 귀의 위치가 몹시 아래로 내려와 있는 '왕장의 상'이라 할 수 있다

〈그림 1〉

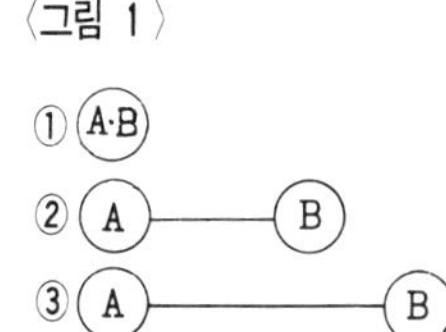

암탉, ②는 암캐, ③은 사람(여성)인데 Ⓐ는 탈분기관(脫糞器官: 항문)이고 Ⓑ는 성기(性器: 膣)의 위치입니다.

세 동물 가운데 가장 미개한 닭은 Ⓐ와 Ⓑ가 같은 통로로 쓰이고 있습니다. 날계란 가운데 가끔 닭똥이 묻어 있는 연유도 바로 이것 때문입니다. 닭보다 진화된 개는 Ⓐ와 Ⓑ가 따로따로 되어 있어 닭보다 진화는 되었지만 그 간격이 가깝습니다. 가장 진화된 사람의 경우에는 Ⓐ와 Ⓑ의 간격이 가장 많이 떨어져 있습니다.

전문가에 의하면 사람의 항문의 위치는 누구나 다를 게 없다고 합니다. 다만 Ⓑ의 위치는 사람마다 개인차가 있어 Ⓐ로부터 더 멀기도 하고 가깝기도 하다는 것입니다. 그렇다면 Ⓐ와 Ⓑ의 거리가 멀수록 Ⓑ는 윗쪽에 위치하는 셈이 됩니다. 예로부터 남성들 가운데 〈꾼〉이라는 사람들 사이에서는 Ⓑ의 위치가 윗쪽에 위치할수록 명기(名器)로 일컬어 왔습니다. 그러나 어느 산부인과 의사의 얘기인즉, 그런 것은 체위(體位)로 해결되는 것이고, 오히려 Ⓑ가 아랫쪽에 위치할수록 순산의 확률이 높아 바람직하다는 얘기였습니다.

사실 명기니 어쩌니 하는 것은 아무데도 근거가 없는 것이며 오히려 아랫쪽에 위치한 여성은 진화론적으로 볼 때 동물적 정열이 강하기 때문에 남성들을 규방에서 만족시킬 것입니다.

그런저런 형편을 여성의 얼굴만 보고도 짐작할 수가 있습니다. 앞서 설명했던 〈귀의 위치〉가 그것입니다. 진화된 동물일수록 귀는 아랫쪽으로 붙어 있습니다. 따라서 귀가 위로 붙어 있는 여성은 Ⓑ의 위치가 아랫쪽임을 미루어 알 수 있고 반대로 귀가 아래로 내려붙은 여성은 Ⓑ의 위치가 윗쪽임을 짐작할 수 있습니다. '발상의 비밀'만 터득한다면 여성의 귀만 보아도 〈옷 속의 사정〉을 짐작할 수 있는 것입니다.

케네디는 〈대통령의 상〉이 아니었다

선거 때가 되면 별의별 사람들이 국회의원의 꿈을 안고 출마를 합니다. 그 중에는 인격이야 어떻든, 관상만으로는 도저히 안될 사람들이 나서서 헛돈 쓰는 경우가 종종 있습니다. 이런 사람들은 두 번 세 번씩 낙선한 끝에 운좋게 제1야당의 공천을 받았더라도, 뜻하지 않은 신당(新黨) 바람에 날려 또 한번 쓴잔을 마십니다(제12대 국회의원 선거때 제1야당은 신한당이었지만 새로 창당한 신민당 바람에 밀려 참패했음).

1960년대 뉴 프론티어의 기수로 화려하게 등장한 고(故) 존 F·케네디 미국 대통령도 사실은 〈왕장의 상〉은 아니었습니다. 〈사진 3〉에서 보는 것처럼 역대 미국 대통령에 비해 이마가 너무 좁았습니다. 그렇게 멋있고 인기가 있었으면서도 재선은커녕 초선의 임기조차 채우지 못한 비극이 여기에 있지 않았나 생각됩니다.

〈사진 3〉
미국의 존 F·케네디 대통령

입이 큰 여자는 나들이 체질

사람은 태어날 때부터 각기 다른 특성을 갖고 있습니다. 일반적으로 입이 큰 사람은 활동적인 체질을 타고났기 때문에 만사에 적극적이고 사회활동에 대한 의욕도 강합니다.

큰 사업을 하는 사람은 절대로 입이 커야 됩니다. 이것은 여성의 경우도 마찬가지입니다. 결혼한 뒤에도 정치활동이나 사회봉사에 몸바치는 여성들은 예외없이 입이 큰 것을 볼 수 있습니다. 우리 나라 여성운동의 거성이었고 대정치가였던 박순천 여사 같은 분을 기억하시면 됩니다.

그것은 무슨 까닭인가?

입은 음식을 먹는 기관입니다. '입이 작은 사람은 남보다 음식을 적게 먹어도 되고, 입이 큰 사람은 남보다 음식을 더 많이 먹어야 될 것이다'하는 발상입니다. 그러므로 입이 큰 사람은 남보다 더 활동을 해야 먹고 살 수가 있다는 것입니다. 실제로 입이 큰 사람은 금운(金運)도 좋은 편입니다.

지금은 기혼 여성들의 사회활동도 그리 이상할 것은 없지만 결혼한 여자란 본래 〈가정주부〉가 제자리입니다. 그러나 입이 큰 여성은 타고난 체질 때문에 집안에 얌전히 들어앉아 있을 수가 없습니다. 국민학교 학부모회 같은 데도 부지런히 나가야 하고, 하다못해 친구들을 모아 계주라도 해야 직성이 풀립니다. 바람기가 있어서 그러는 것은 아닙니다.

만일 이런 여성을 아내로 맞은 남성이라면 아내의 외출에 짜증을 내서는 안됩니다. 억지로 막으면 병이 되는 수도 있다는 것을 명심해야 합니다. 오히려 보람있는 사회활동을 하도록 적극적으로 도와주는 것이 가정의 평화를 지키는 길입니다. 그러나 작은 입을 가진 아내가 외출이 잦게 되면 그것은 경계할 일입니다.

코에 대하여

코는 자기 자신을 상징한다

코가 크고 힘차게 뻗어야 운세가 좋다
미간(眉間) 근처가 높아야 두령운(頭領運)이 있다
콧대가 높은 사람에게는 장사가 맞지 않는다
코끝이 뾰족한 사람은 대성하기 어렵다
연봉(年俸) 100만 달러 이상을 받는 사장님의 코
지나치게 코가 큰 남성은 〈요주의〉 인물
산근(山根)에 옆줄이 가 있으면 불감증일 수도
〈계단코〉인 여성은 초혼에 실패하기 쉽다
콧방울이 불룩하면 옷입는 것이 까다롭다
양쪽 콧방울이 위로 말려 올라간 남성은 조심해야
〈제인 러셀〉 고지(高地)의 사연
코를 〈쿵! 쿵!〉거리는 사람은 중년에 좌절한다
코밑(人中)은 길수록 좋다
법령(法令)이 길면 생활이 안정된 증표
인중의 아래가 넓으면 아들을 많이 낳는다
인중에 점이 있는 여성은 자궁에 질환이 있다

코

코는 자기 자신을 상징한다

코가 크고 힘차게 뻗어야 운세가 좋다

'콧대가 높다'는 얘기를 듣는 사람이 있습니다. 어지간히 교만하거나 도도한 사람을 가리켜 그렇게 말합니다. 별볼일도 없는 처지에 그런 소리를 들을 리는 없습니다. 틀림없이 돈이 있거나 지위가 높은 사람일 것입니다. 이상스럽게 이런 소리를 듣는 경우는 남자보다 여자쪽이 많습니다. 그리고 돈보다는 남편되는 사람이 권력형일 때 그러합니다.

코는 본래 얼굴의 한복판을 차지하고 있기 때문에 관상적인 발상으로는 그 사람 자신으로 봅니다. 그래서 코가 크고 힘차게 뻗어 있는 사람은 그 자신의 운세도 좋고 코가 낮은 사람의 운세는 신통치가 못하다고 보는 것입니다.

〈사진 4〉는 한때 '세계 유조선의 왕'으로 불리웠던 중국인 억만장자 Y.K.Pao의 얼굴입니다. 이마

〈사진 4〉

한때 세계 유조선의 왕으로
불리던 중국의 억만장자
Y.K.Pao

〈사진 5〉
소련 공산당 서기장이었던
유리 안드로포브

못지않게 코가 일품인 것을 알 수 있습니다.

〈사진 5〉는 브레즈네프 이후 소련공산당 서기장이 되었다가 사망한 유리 안드로포브(Yuri Andropov)의 얼굴이며 〈사진 6〉은 25만 달러의 기부금을 내러 뉴욕시청을 찾아간 흑인가수 다이아나 로스(Diana Ross)와 에드워드 코치(Edward Koch) 뉴욕시장입니다.

모두 자기 자신의 운세를 상징하는 코가 힘차지 않습니까?

〈사진 6〉

1984년 뉴욕 시장인 에드워드 코치와
흑인가수 다이아나 로스

다음은 일본 재계의 얼굴들입니다.

〈사진 7〉은 일본 삿뽀르 맥주회사의 다카구와(高桑義高) 회장이며 〈사진 8〉은 일본 최대의 건설업체인 가지마건설(鹿島建設)의 이시가와(石川六郎) 회장, 〈사진 9〉는 일본의 STS 동양베어링의 요시자와(吉澤洸) 회장, 〈사진 10〉은 교오와긴꼬 행장을

〈사진 7〉
일본 삿뽀로 맥주회사의 다카구와
회장의 모습이다

지내고 지금은 일본기원의 이사장으로 있는 이로베 (色部義明) 씨의 얼굴입니다.

이들은 모두 이마 못지않게 코가 힘찬 운세를 나타내고 있습니다. 특히 여성의 코는 〈아내의 자리〉를 나타냅니다. 다시 말해서 〈남편의 지위〉를 나타내는 것입니다.(사진 11참조)

〈아내의 자리〉란 〈난편의 자리〉에 따라가기 마련이므로 남편이 〈과장 자리〉에 있을 때는 아내도 〈과장의 아내자리〉가 제자리일 것이고, 남편이 〈장관자리〉에 오른다면 아내도 〈장관 부인〉자리로 올라가게 될 것입니다. 따라서 코가 작거나 낮고 못생긴 여성은 남편복도 그만큼 적다고 할 수 있습니다.

더욱이 여성의 코는 남편의 운세도 지배하기 마련이므로 남편이 좋은 상(相)을 갖고 있어도 코가 못생긴 여성을 아내로 맞으면 그 남자의 운세도 절반으로 줄어든다고 합니다.

그만큼 여성의 코는 남성을 지배하는 힘이 있는 것인가 봅니다.

'클레오파트라의 코가 1센티만 낮았더라면 세계의 역사는 달라졌으리라'고 말한 파스칼의 명언이 실감 납니다.

〈사진 8 〉

일본 최대의 건설업체인 가지마 건설의 이시가와 회장

〈사진 9 〉

일본의 STS 동양베어링의 요시자와 회장

〈사진 10〉
일본 교오와긴꼬 행장을 지내고
지금은 일본기원의 이사장으로
있는 이로베씨

〈사진 11〉
여성의 코는 아내의 자리를
나타 내는 것이므로 남편의
지위까지도 좌우한다

미간(眉間) 근처가 높아야
두령운(頭領運)이 있다

콧대가 높으면 어째서 도도해지는가?

코는 그 사람의 명예심이나 의지력, 자존심 등을 나타내는 곳으로 코가 잘 생긴 사람은 의지가 굳고 실행력도 풍부해 특히 중년부터의 운세가 길상(吉相)이라고 합니다.

〈그림 2〉에서 보는 바와 같이 미간(眉間) 근처부터 3등분해서 ①은 명예심과 지성(知性) ②는 의지력 ③은 자존심과 애정 등을 나타냅니다.

코 가운데 미간 근처의 가장 낮은 부분을 관상에서는 산근(山根)이라 부르는데, 어린아이들은 아직 배운 것도 많지 않고 명예욕도 크게 없기 때문에 대개 이 부분이 낮은 것이 보통입니다(그림 3 참조).

그러나 아이들이 자라면서 공부도 많이 하고 명예욕에 눈을 뜨게 되면 이 부분이 크게 발달해서 높아지게 마련입니다.

젊어서부터 아무 모임에서나 회장되기 좋아하고, 국회의원이 될 정치적인 야망을 품고 해마다 고향 사람들에게 수천 장씩 연하장을 돌리는 사람들은 대개 이 부분이 발달되어 있는 것을 볼 수 있습니다.

'생각이 팔자'라는 속담처럼 주야로 그 방면에 골몰하다 보면 언젠가는 이루어지고 마는 것이 인생입니다. 그래서 이런 사람을 '두령운(頭領運)의 상'이라고도 하는데 바꾸어 말하면, 산근이 낮은 사람은 두령운이 없습니다. 혹시 남편이 이런 상인데도 계속 정치활동에 열을 올리고 있다면 이 글을 보여 드리고 말리십시오. 그것이 가정의 평화를 지키는 길입니다.

또 산근은 지성을 나타내는 곳이기 때문에 자라면서도 이 부분이 극단적으로 낮은 사람은 공부할 운이 좋지 않은 편입니다. 자기 탓도 있겠지만 받을 복이 없어서 그렇게 됩니다. 괜찮게 살던 집안도 갑자기 기울어져서 학업을 중도에 포기하게 되는 사람이 대개 이런 상입니다. 코가 자기 자신의 운세를 나타내기 때문입니다.

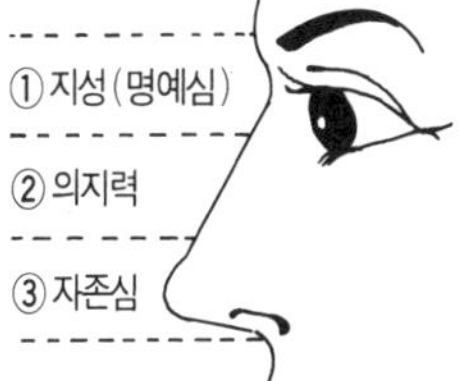

콧대가 높은 사람에게는 장사가 맞지 않는다

콧대가 높은 사람이 도도하고 교만한 것과 반대로 콧대가 낮은 사람은 비교적 애교가 풍부해서 남녀를 불문하고 남의 미움은 크게 사지 않습니다.

16~7년 전 일입니다.

언론계에 몸 담고 있을 그당시 동료의 부인 한 사람이 어느 해수욕장에 자그마한 점포를 마련했습니다.

바캉스철에 가족들과 함께 해수욕도 즐길 겸 휴가 비용이나 벌어보자 하는 일석이조(一石二鳥)의 아이디어였습니다. 상품이라고 해야 콜라와 사이다, 맥주 등 가벼운 음료수 정도여서 별로 부끄러워할 장사는 아니었습니다.

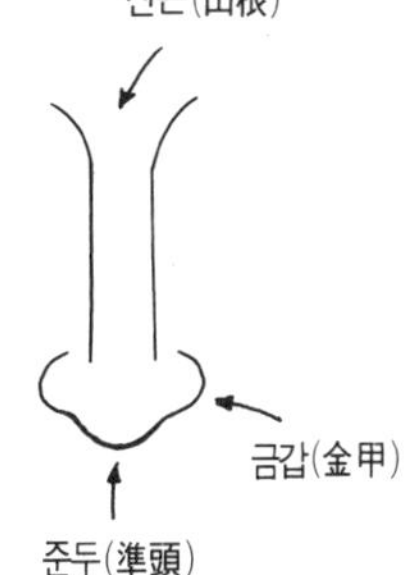

　그런데 거기서 문제가 생겼습니다.

　어느날 오후, 한바탕 해수욕을 하고 나온 중년 서넛이 그 점포에 들어와 맥주 몇 병을 시켰습니다. 아주머니가 주문대로 맥주와 컵을 테이블 위에 갖다 놓고 돌아서는데 손님 한 사람이 농담을 걸었습니다.

　“마담 아주머니! 이왕이면 한 잔씩 따라 주시지.”

　순간 그 부인이 홱 돌아서며 무어라고 소리친 줄 아십니까?

　“이새끼들이 사람을 어떻게 보고 이러는 거야? 내가 어디를 보아 술집 마담으로 보이니?”

　오늘날 맥주 파는 집주인에게 술 한잔 따라달라고 하는 손님의 요구는 별로 흠잡을 것이 못됩니다. 손님으로서는 그 여자의 남편이 어떤 사람인지 알 필요조차 없습니다. 그러나 그 아주머니는 자존심을 크게 상한 것입니다.

　문제는 콧대가 높은 아주머니가 장사를 시작한 데 있습니다.

　요즈음 가정주부들도 기회가 있으면 부업에 손을 대려고 하는데 부업을 생각하기 전에 자기 얼굴을 한번 거울 속에 비추어 보십시오. 그리고 콧대가 높은 편이면 장사는 단념하시는 게 돈을 버는 길입니다. 반대로 콧대가 낮은 분이면 무슨 장사에나 적응해서 성공을 거둘 수가 있습니다. 발상의 비밀을 알게 되면 실패할 확률은 적어집니다.

코끝이 뾰족한 사람은 대성하기 어렵다

코의 형태는 본래 인종이나 기후·풍토와 깊은 관계가 있습니다.

핀란드나 노르웨이, 스웨덴같이 추운 지방에 사는 북유럽 사람들은 코가 높고, 온대나 열대 지방의 사람들은 코가 낮은 것이 보통입니다.

인류가 자연환경에 순응하며 진화되어 온 당연한 결과로 아주 찬 공기를 그대로 들이마시면 폐가 자극을 받게 되므로 콧구멍을 통과하는 동안 공기를 데우기 위해서 콧구멍 둘레의 살이 두껍게 발달되어 당연히 코가 높아집니다. 그러나 같은 기후·풍토 속에 살고 있는 우리 나라 사람들 가운데도 코가 높은 사람과 낮은 사람이 있습니다. 그리하여 운세의 차이가 생기기 마련입니다.

그러면 코의 크기와 높이를 어떻게 기준삼아야 하는가?

코를 옆에서 볼 것 같으면 얼굴 전체(머리끝에서 턱끝까지)의 3분의 1정도가 코의 표준적인 길이입니다(코의 길이는 미간부터 시작함). 코의 높이는 길이의 약 절반 정도가 표준으로 이 표준보다 길면 〈긴 코〉, 낮으면 〈낮은 코〉로 보면 됩니다.

코는 〈그림 4〉처럼 코 전체의 길이와 높이가 충분하고 살이 잘 붙어 있으며 콧날이 힘차게 똑바로 뻗어 있는 것이 좋습니다.

집안이 좋은 사람들은 코가 낮은 사람이 별로 없으며, 가령 유복한 집안에서 태어났다 해도 〈그림

〈그림 4〉

콧날이 힘차게 뻗어 있어 운세가 좋다

〈그림 5 〉

〈그림 6 〉

〈그림 7 〉

코끝이 날카롭고 뾰족한 사람은
자존심이 강하다

5)처럼 코가 낮거나 〈그림 6〉과 같이 빈약하게 깡마른 사람은 몸에도 살이 없고 받을 복이 없어 인생을 사는 데도 고생이 많다고 합니다.

코끝이 날카롭게 뾰족한 사람(그림 7)이 있습니다. 〈그림 2〉에서 보듯이 코끝은 자존심을 나타내는 곳입니다.

상학(相學)에서는 코끝을 준두(準頭)라고 부르는데 이 준두가 뾰족하게 솟아 있는 사람은 극단적으로 자존심이 강하게 마련입니다(그림 3 참조). 남에게 뒤떨어지지 않으려는 노력도 있어서 그런지 모르지만 무엇에나 재주가 뛰어나고 아이디어도 풍부합니다. 또한 발명이나 발견에 천재적인 소질이 있어 남들이 깜짝 놀랄 만한 아이디어를 잇달아 낼 수 있는 사람입니다.

그러나 '재주 많은 사람이 끼니거리가 없다'는 옛말처럼 운세에는 약한 상이라 대성하기가 힘듭니다. 피켈이라는 해부학자에 의하면 이런 사람은 '성미가 급하고, 화도 잘 내기 때문에 남과 다투는 일이 많다'고 합니다. 이런 사람은 또 자존심이 몹시 강해서 어려운 일이 닥쳐도 친구에게 아쉬운 소리를 절대로 못하는 성격이라 겉으로는 태연한 척하지만 속으로는 몹시 괴로운 경우가 많습니다.

연봉(年俸) 100만 달러 이상을 받는 사장님의 코

　일반적으로 코의 상을 볼 때, 긴 코는 길상(吉相), 지나치게 짧은 코는 흉상(凶相)이라고 봅니다. 코는 길고 클 뿐만 아니라 콧대가 잘 뻗어 있는 사람이 윗사람의 신임도 두터워 만사가 잘 풀려 가기 때문에 사회에서 두각을 나타내게 됩니다.

　그 이유는 무엇 때문인가? 앞에서도 이야기한 바 있듯이 상학에서는 코를 자기 자신으로 보는 데 있습니다. 그리고 코 윗부분인 이마를 하늘의 은덕(윗사람의 혜택)을 쌓는 뜰로 보고 있습니다.

〈사진 12〉

존 스퀄리
1,830,000달러

로저 B. 스미스
1,058,000달러

에드워드 텔링
1,425,000달러

데이비드 텐들러
2,080,000달러

로레이 워너 2세
1,252,000달러

윌리엄 S. 앤더슨
1,075,000달러

필립 카드웰
1,400,000달러

존 W. 딕슨
1,348,077달러

클리프톤 C.
가빈 2세
1,210,000달러

헤리 J. 그레이
1,191,000달러

1984년 4월 7일자 미국의 TIME지에 실렸던 연봉 100만불 이상을 받는 샐러리맨들의 모습이다

〈그림 8〉

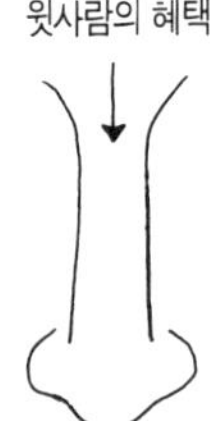

이러한 발상에 바탕을 두고 생각한다면, 하늘의 은덕이나 윗사람의 혜택이 자기 자신에게 미치는 코는 〈그림 8〉과 같이 미간을 통해 산근을 타고 준두에 이르는 길이 고속도로처럼 시원스럽게 뻗어 있어야 이상적입니다. 만일 그 중간인 산근이 지나치게 낮다거나 콧대에 상처가 있고 커다란 점이 있는 사람은 울퉁불퉁하고 장애물이 있는 길처럼 윗사람의 혜택이 미치기 어렵다는 발상입니다.

〈사진 12〉를 보십시오. 1984년 4월 7일자 미국의 시사주간지 『타임(TIME)』지에 실려 있던 사진으로 연봉 100만 달러 이상을 받는 대단한 월급쟁이 사장 열 명의 얼굴입니다.

이 중에는 2백8만 달러를 받는 분도 있습니다. 그런데 이 사진들을 가만히 보고 있으면 모두 코의 운세가 좋은 것을 알 수 있습니다.

지나치게 코가 큰 남성은 〈요주의〉 인물

〈그림 9〉

〈그림 9〉와 같이 산근이 극단적으로 높아 이마에서 직접 코가 뻗어나온 사람이 있습니다.

일종의 그리스 코로, 이 사람이 남성이면 미인을 아내로 얻는 상이라고 하는데 신통하게 맞는 남성이 많습니다. 다만 한번 결혼으로 끝나지 않는 운세도 있어 이런 남성과 결혼하는 경우 차라리 남자가 재혼인 쪽이 원만할지도 모릅니다.

이와 반대로 〈그림 10〉처럼 산근이 낮게 쑥 들어

간 남성은 명예심, 자존심 등이 전혀 없는 게으름뱅이가 많습니다. 만약 여성의 코가 그렇게 생겼다면, 강력한 관능(官能)을 누를 길 없어, 이 남자에서 저 남자로 마구 옮겨다니는 음부(淫婦)의 상이 됩니다. 산근이 낮은 여성은 지성도 윤리감도 없기 때문입니다.

〈그림 10〉

코가 지나치게 커서 얼굴에 코만 보이는 사람이 있습니다. '지나친 것은 모자라는 것만 같지 못하다'는 이치대로 이런 사람은 자기 자신(코)이 너무 강조되어 오히려 측근이나 처자식과도 인연이 좋지 않습니다. 그리고 일생을 통해 크게 한번 실패하거나 만년에 고독한 상이라고 합니다.

『색정상법(色情相法)』이라는 책을 보면 코는 자기 자신 즉 '남성의 그것'이란 발상을 갖고 있습니다. 그러므로 코가 큰 남성은 그것도 크다는 연상이 성립되는데 실제 남자들 사이에서 아무도 반론을 제기하는 사람을 보지 못했습니다.

그런 맥락에서 본다면 코가 지나치게 큰 남성은 그 자신의 효능 때문에 많은 여성들의 환영을 받을 만합니다. 그리하여 생활이 문란해질 공산이 크고, 급기야는 가정의 파탄과 망신살을 초래할 수도 있지 않을까 생각됩니다.

결혼 전의 여성이나 사윗감을 물색하는 어버이들은 꼭 기억해 둘 만한 일입니다.

산근(山根)에 옆줄이 가 있으면 불감증일 수도

태어날 때부터 산근에 옆으로 줄이 가 있는 남성이 있습니다. 이런 사람은 '여색(女色)을 좋아해서 아내와 이별하기 쉽다'고 합니다.

이것은 산근에 상처나 검은 점이 있는 경우도 마찬가지여서 산근에 옆으로 줄이 가 있거나, 상처, 검은 점 등이 있는 것은 남성 기능의 고장을 나타낸다고 합니다. 따라서 이러한 남성은 충분한 성적 쾌감을 얻지 못하게 되는데 그것이 자기 탓인 줄 모르고 자꾸만 새로운 여성을 찾는 경향이 강렬하다는 것입니다. 덮어놓고 여색을 좋아하는 것이 아니라 어쩔 수 없는 이유가 있는 셈입니다.

여성의 경우는 '불감증일 확률이 크다'고 되어 있어 부부생활이 원만하지 못할 공산이 큽니다. 그래서 그런지 이런 여성들은 태어날 때부터 위가 약한 경우가 많습니다. 위가 약하기 때문에 만사가 귀찮아서 그런 것인지 남성처럼 여성 자신에 결함이 있는 것인지는 분명치 않지만 남편되는 분은 아내의 불감증을 고치기 위해 피나는 노력을 게을리하지 말아야 할 것입니다.

혹시 생각나는 일이 있으면 전문의를 찾아가 진단을 받아 보십시오. 또 다른 책에 의하면 이런 상을 갖고 있는 사람은 남녀를 불문하고 30대 중반에 가서 크게 한번 환란을 겪는다고 합니다.

코 중턱에 옆으로 줄이 가 있는 사람도 비슷합니다.

TV에서 우리가 자주 보는 유명한 탤런트, 코미디언, 가수 가운데도 이런 분들이 있습니다.

〈그림 11〉

〈계단코〉인 여성은 초혼에 실패하기 쉽다

가끔 〈그림 11〉에서와 같이 코에 주름 같은 가는 세로줄이 많이 나 있는 사람을 봅니다.

이런 사람은 일생을 통해 고생이 많고 자식복이 좋지 않아 결혼을 하거나 안정된 직업을 얻게 되는 시기도 늦어집니다. 이것은 코가 자기 자신을 나타내는 곳으로, 그것이 쭈글쭈글 시든 모양을 하여 자기 자신의 운세도 시들시들하다고 보기 때문입니다. 그래서 그런지 운세가 좋은 사람의 코에는 이런 주름이 나타나지 않는 것만은 분명한 것 같습니다.

웃을 때에 코에 잔주름이 잡히는 여성이 있습니다. 코의 어느 부분이라도 상관없습니다. 이것은 난소나 자궁(子宮)에 질병이 있는 여성으로 '난산(難産)의 상'으로 봅니다. 특히 중년에 해산을 하게 될 때는 더욱더 조심해야 됩니다.

『색정상법』에 의하면 이런 여성의 '여성 자신' 속에는 콧등처럼 잔주름이 많아 명기(名器)를 갖춘 여성이라고 하는데 아직 경험한 바가 없어 자신있게 말할 수 없어 유감입니다.

〈그림 12〉

앞에서 코가 높거나, 길고, 살집이 잘 붙어 있는 것이 길상(吉相)이라고 했는데 〈그림 12〉처럼 코가 높더라도 일률적으로 높은 것이 아니라 코의 중간

부분이 불쑥 올라온 사람이 있습니다.

이른바 〈계단코〉라는 것입니다.

계단코는 의지를 나타내는 부분(그림 2 참조)이 극단적으로 치받고 있는 현상이라 콧대가 셀 수밖에 없습니다. 의지가 완강해서 한번 하겠다고 마음먹으면 후퇴를 할 줄 모르는 타협성이 없는 고집쟁이라 할 수 있습니다.

멀쩡한 처녀가 유부남과 연애 끝에 그늘진 인생을 택하는 경우도 이런 계단코의 여성에게서 흔히 볼 수 있는 현상입니다. 남성인 경우는 실행력도 강하고 남이 무어라고 충고를 해도 자기 생각대로 일을 추진해 나갑니다. 그리하여 30대 중반에는 파산의 위험도 있으니 조심해야 한다고 합니다.

여성의 경우 계단코인 부인은 중년에 남편과 사별을 하거나 남편이 외도를 해서 가정을 돌보지 않는 문제가 있으며 초혼에 실패하기 쉽고 재혼하는 경우도 많이 있습니다.

생각해보면, 남편이 외도를 하게 되는 원인은 아내의 꺾이지 않는 성격 때문에 정이 떨어졌는지도 모릅니다.

그러므로 이처럼 성격이 강한 여성은 남편감을 고를 때 처음부터 얌전하고 자상하고, 다소 마누라를 과분하다고 생각할 수 있는 처지의 남성을 택한다면 장래의 불행을 어느 정도 미연에 예방할 수 있다고 합니다. 유비무환(有備無患)이라고는 할 수 없지만 유비소환(有備小患) 정도는 됩니다.

콧방울이 불룩하면 옷입는 것이 까다롭다

〈그림 13〉

코끝이 〈그림 13〉과 같이 아래로 처져 있는 사람은 물건을 몹시 아끼는 성질이 있습니다. 이제는 쓸모가 별로 없어진 고물 같은 것조차 버리지 않습니다.

이런 사람은 그 검소한 생활태도 때문에 낭비가 없어 자연히 생활에는 어느 정도의 여유가 생겨 편하게 인생을 보낼 수 있으나 성격적으로 매우 구두쇠적인 데가 있어 아내가 돈 타쓰기에는 애로사항이 적지 않습니다.

코끝 좌우에 불룩하게 나와 있는 부분(콧방울)을 상학에서는 금갑(金甲)이라고 부릅니다(그림 3 참조). 이 부분이 불룩하고 힘차게 보이는 사람은 운세가 대단히 좋아 어려운 상황에 처하게 되더라도 대체로 도와주는 이가 나타나 위기를 모면하게 됩니다 (그림 14 참조).

〈그림 14〉

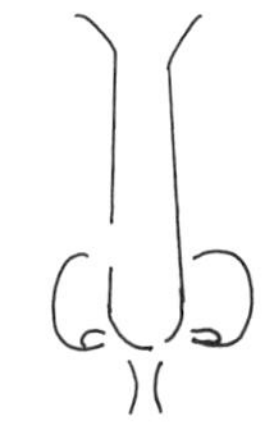

중국의 상서(相書)에서는 이런 코를 '부귀(富貴)의 상'이라고 부르고 있는데 이런 사람은 두뇌가 명석할 뿐 아니라 특히 경제관념이 발달되어 있는 것으로 봅니다. 다시 말하면 저축성, 이재성(理財性)이 뛰어난 것입니다. 그래서 돈지갑(金甲)이 늘 넉넉합니다.

반대로 〈그림 15〉와 같이 금갑이 거의 없는 것 같은 사람이 있습니다. 이런 사람은 운세도 약하고, 자식복도 좋지 못해서 만년을 고독하게 보내는 사람이 많습니다. 게다가 콧대가 칼날처럼 생긴

〈그림 15〉

사람은 대체로 신경질적이며 호흡기 계통의 질환에 걸리기 쉽다고 합니다.

금갑이 불룩한 사람은 남녀를 막론하고 자기 옷 입는데 까다로워 자연히 옷가지가 많아집니다. 반대로 금갑이 빈약한 사람은 옷 입는데 신경을 쓰지 않는다고 합니다.

이것은 콧대와 금갑의 상관관계 때문입니다.

사람이 콧대 높게 살아 가려면 권력이 있거나 돈의 뒷받침이 있어야 하는데 권력은 잡았다가 놓칠 수도 있는 것이므로 돈만 떨어지지 않는다면 얼마든지 콧대 높게 살아갈 수 있는 것입니다. 그래서 금갑은 콧대를 장식하고 뒷받침하는 이재성으로 보는 것입니다. 따라서 코를 자기 자신으로 볼 때 금갑은 자기 몸을 장식하는 의복의 역할을 한다는 발상입니다.

돈지갑이 넉넉지 못한 사람(금갑이 빈약한 사람)이 옷입는 데 까다로울 수야 없겠지요.

양쪽 콧방울이 위로 말려 올라간 남성은 조심해야

콧방울(금갑)이 빈약한 여성은 이재성에 어두운 대신 허영심은 강합니다. 이러한 특성은 남성도 마찬가지여서 친구들과 한잔 마시러 갔다가도 일어날 때 '내가 낼께, 내가 낼께'하고 호주머니에 먼저 손을 넣는 타입은 대개 금갑이 빈약한 사람입니다.

그래서 이런 남성은 아무리 잘 벌어도 생활에 지출이 많아 쪼들리게 마련입니다.

또 〈그림 16〉처럼 양쪽 콧방울이 위로 말려 올라간 사람이 있습니다. 이런 코를 가진 남성은 대개 남의 비위를 교묘하게 맞추는 재주가 있습니다. 사교성이 매우 뛰어나 겉으로는 싹싹하지만 마음속은 교만하고 허영심이 강하며, 교활하고 이기적입니다.

고리대금하는 사람이나 사기꾼 중에 이런 타입이 많습니다.

여기서 한가지 알아두실 것이 있습니다.

코의 높이는 어른이 된 뒤에는 변하지 않는 것이 보통이나 코의 살집이나 금갑의 모양은 운세에 따라 변한다는 것입니다. 그 얘기는 인위적으로 코의 모양을 바꾸면 운세도 변할 수가 있다는 얘기가 됩니다. 그러므로 성형외과에 가서 콧대나 산근, 들창코를 고치려는 여성이라면, 콧대보다는 콧방울을 교정하는 쪽이 크게 덕이 될지도 모릅니다.

〈그림 16〉

〈제인 러셀〉 고지(高地)의 사연

콧구멍이 너무 큰 사람은 끈기가 적고 수명도 길지 못한 반면에 반대로 콧구멍이 너무 작은 사람은 '인색할 만큼 검소한 사람'입니다.

특히 얼굴은 큰데 코가 아주 작은 사람은 아무리 부잣집에 태어나도 재산을 유지하기 어렵다고 합니

〈그림 17〉

다. 이는 코가 자기 자신의 문제를 나타낸다는 발상
때문입니다.

흔히 말하는 들창코는 윗사람과의 의견이 맞지
않아 일찍이 고향을 떠나 사는 수가 많고 돈을 헤프
게 쓰는 버릇이 있습니다. 이것은 자기 자신(코)
이 하늘(윗사람)을 맞대고 있는 모습이라 윗사람의
뜻을 거슬린다는 발상입니다.

〈그림 17〉을 보아 주십시오.

상학에서는 이것을 역인형법(逆人形法)이라고 해서
여체(女體)의 프로포션(proportion) 등을 참고로
합니다.

코는 몸통에 해당하고, 금갑은 유방을 나타내며
눈썹은 다리, 법령(法令 : 코의 양쪽에서 입의 좌우
로 뻗어내려온 선)은 팔로 봅니다.

그림에서 보듯이 금갑이 발달되어 있는 여성은
가슴도 크게 마련입니다.

6·25동란 때 이야기입니다.

마릴린 몬로(Marilyn Monroe)와 함께 1950년대
를 휩쓸었던 섹스 심벌 중에 제인 러셀(Jane
Russell) 이라는 여배우가 있었습니다(사진 13).

몬로가 히프를 상징한다면 러셀은 유방이 일품인
것으로 정평이 나 있었습니다.

「신사는 금발을 좋아한다」는 영화에서 몬로와
공연한 바 있어 우리 나라 중년층에서는 잘 알려져
있는 배우입니다.

이 여배우의 이름을 따서 중동부 전선(대성산
근처)에 '제인 러셀 고지(高地)'라는 것이 있었습니

〈사진 13〉
마릴린 몬로와 함께 1950년대를
휩쓸었던 섹스심벌 제인 러셀

다. 나란히 솟아 있는 두 봉우리가 러셀의 탐스러운
유방을 연상시켜 장난스러운 미군 지휘관이 붙여준
이름입니다. 그런데 피아간에 치열한 공방전이 거듭
되다 보니, 그 탐스럽던 봉우리가 하도 포탄을 많이
맞아 볼품없이 납작하게 되어버리고 말았습니다.

그 뒤에 이 고지는 '캐더린 햅번 고지'로 이름이
바뀌었습니다.

캐더린 햅번(Katharine Hepburn)은 아카데미
시상식 때 그녀가 입장을 하면 전 관중이 일어서서
박수를 보내는 헐리우드(Hollywood)의 존경받는
원로(元老) 여배우입니다(사진 14). 그런데 그 캐더
린 햅번의 젖가슴은 헐리우드에서는 누구나 알고
있을 만큼 납작했던 것입니다. 캐더린 햅번의 콧대
는 높지만 젖가슴을 상징하는 금갑이 거의 발달되어

〈사진 14〉

영화 「여정」에서 로사노 브라시와 공연한 헐리우드의
존경받는 원로 여배우 캐더린 햅번이 미소를 띠고 있다

있지 않았던 것입니다.

여성의 금갑을 보면 아무리 두터운 외투 속이라도 젖가슴이 풍만한지 어떤지를 짐작할 수 있습니다.

코를 〈큉! 큉!〉거리는 사람은
중년에 좌절한다

콧대가 비뚤어진 사람이 있습니다.

코가 얼굴 한가운데로 곧장 뻗어 있는 사람은 의외로 적어 코끝이 좌우 어느쪽인가로 휘어 있는 것이 보통입니다.

남성의 경우 콧대가 오른쪽으로 휘어 있으면 '여난(女難)의 상'이라 여자가 따르기도 하지만 여자에게 속기도 쉬운 상이며 콧대가 왼쪽으로 휘어 있는 사람은 노름을 좋아하고 승부사(勝負士)적인 성격의 소유자입니다.

여성의 경우 콧대가 너무 비뚤어진 것은 남편의 운을 망친다고 하는데 콧대가 휜 것만은 융비성형(隆鼻成形)을 하더라도 교정이 어렵다고 합니다.

아무튼 콧대가 휘어 있는 사람은 생애를 통해 기복(起伏)이 많아 위태위태하게 살아갑니다.

이것은 코가 자기 자신을 나타낸다는 발상에서 볼 때, 콧대가 휜 것은 자기 자신의 신체가 휘어 있는 것처럼 생각되어 인생의 모든 일이 순조롭지가 못하고 굴곡이 있다는 얘기입니다.

코의 모양이나 크기는 나무랄 데 없으나 대화하는

도중이나 무슨 일을 하는 사이사이에 〈쿵! 쿵!〉
하고 콧방귀를 뀌는 사람이 있습니다.

이러한 현상은 이비인후과 전문의에 의하면 만성
축농증이 있을 때와 콧속이 민감한 사람의 경우에
생긴다고 합니다.

일반적으로 사람의 콧속에 있는 점액은 코를 통해
밖으로 나오는 줄 알고 있지만 일부는 코의 안쪽을
통해 자기도 모르게 목구멍으로 흘러들어갑니다.
이런 때 민감한 사람은 그 콧물을 안으로 흘려보내
지 않으려는 동작의 하나로 〈쿵! 쿵!〉 콧방귀를
뀌는 버릇이 생긴다는 것입니다. 이유야 어쨌든지간
에 〈쿵! 쿵!〉하고 콧방귀를 뀌는 버릇은 듣기에도
좋지 않습니다.

이런 버릇이 일시적으로 일어날 때는 무엇인가
일이 뜻대로 되지 않아 초조한 표시라고 볼 수 있으
나 늘상 그런 버릇이 있는 사람은 반드시 중년에
크게 좌절하거나 불행한 일을 당할 상이라고 합니
다.

그러므로 유별나게 코를 〈쿵! 쿵!〉거리는 버릇이
있는 사람은 축농증을 고치든지 버릇을 고치는 게
좋을 것 같습니다.

코밑(人中)은 길수록 좋다

〈그림 18〉을 보아 주십시오. 누구나 코밑에서
윗입술에 걸쳐 길게 홈이 패어져 있습니다. 이것을

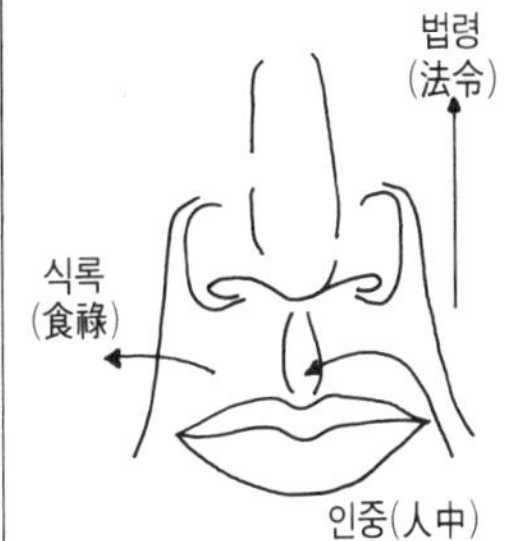

〈그림 18〉

〈사진 15〉

50년대 후반에서 60년대 초반에 걸쳐 세계적인 명성을 누렸던 엘비스 플레스리가 42세란 젊은 나이로 세상을 뜬 것은 인중이 너무 **짧았기** 때문이 아닌가 싶다

상학에서는 인중(人中)이라고 하는데 인중이 긴 사람은 '장수(長壽)의 상'이라고 일컬어져 오래 사는 데다 재복(財福)도 좋은 길상(吉相)입니다.

인중이 길고 윗입술이 위로 말려 올라가지 않은 사람은 대단한 두령운(頭領運)이 있습니다. 가톨릭의 김수환 추기경 같은 분이 바로 그러한 상입니다.

반대로 인중이 짧은 사람은 '단명(短命)의 상'이라고 합니다. 50년대 후반에서 60년대 초반에 걸쳐 세계적인 명성을 누렸던 로큰롤 가수 엘비스 플레스리(Elvis Plesrey)가 42세의 젊은 나이로 세상을 뜬 것은 아마도 인중이 너무 짧았기 때문이 아닌가 생각됩니다(사진 15 참조).

그런데 인중의 홈이 깊을 때는 별로 운이 펴지지 않지만 운이 펴지기 시작할 때는 홈이 얕아지게 됩니다. 왜냐하면 사람이 만족해서 기쁨을 나타낼 때는 저절로 웃는 얼굴이 되는 것인데, 웃을 때 보면 인중이 자연히 넓어지기 때문입니다. 다시 말해서 인중의 홈이 얕아지는 것입니다. 따라서 웃고 있지 않을 때라도 인중의 홈이 얕아지게 되면 웃는 상태처럼 만족한 일이 생길 것이라는 발상입니다.

법령(法令)이 길면 생활이 안정된 증표

인중의 양쪽으로 법령(法令)이란 것이 있습니다(그림 18 참조). 콧방울 옆에서 입 양쪽으로 뻗어내려온 선을 말합니다.

법령은 그 사람의 직업운을 판단하는 곳으로 법령이 양쪽으로 넓게 퍼져 있는 사람은 하는 일이 순조롭게 진행되어 무슨 일에나 성공할 확률이 큽니다. 또 법령이 긴 사람은 수명도 길지만 짧은 사람은 수명도 짧다고 합니다.

법령이 긴 사람이 어째서 오래 살 수 있는가?

법령은 직업을 나타낸다는 발상에서 볼 때, 직업이 오래 이어진다는 것은 그만큼 안정된 생활이 보장되고 우선 오래 산다는 전제가 있기 때문입니다.

젊은 사람들이 대개 법령이 뚜렷하지 못한 것은 젊었을 때는 아직 생활이 안정될 만한 직업이 확정되지 못했기 때문입니다.

인중의 양 옆에서 법령 사이를 상학에서는 식록(食祿)이라고 부릅니다.

입 근처라 먹을 복을 나타내는 곳으로 집으로 치면 부엌에 해당합니다.

잘 사는 집은 부엌도 넓듯이, 이 식록이 넓은 사람은 자연 먹을 복이 많아서 생계에 여유가 생기고 재산도 크게 모을 수가 있는 것입니다.

삼성 그룹의 창업자인 고(故) 이병철 회장이나 현대 그룹의 정주영 회장 같은 분을 보면 쉽게 구분할 수 있습니다.

대체로 식록이 넓은 사람은 인중도 길고 법령도 넓고 길게 자리잡고 있습니다. 인중과 법령과 식록이 모두 수명과 재복을 뜻하는 것은 그런 상관관계가 있기 때문이 아닌가 생각됩니다.

또 콧방울(금갑) 근처에서 식록에 걸쳐 팥알만큼 큰 점이나 사마귀 같은 것이 있으면 그 사람은 일생 먹는데 지장이 없습니다. 그러나 같은 식록의 범위 안에도 작은 점이 있는 것은 좋지 않습니다. 특히 색깔이 나쁜 점이 있는 사람은 일생 객식구가 많고, 남의 뒤치다꺼리를 하게 되는 운세라고 합니다.

색깔이 좋은 점이라는 것은 검거나 진한 초콜릿 빛깔로 그것이 또한 반들반들 광택이 날수록 좋다고 합니다.

인중의 아래가 넓으면 아들을 많이 낳는다

인중에 〈그림 19〉처럼 가로질러서 줄이 가 있는 사람은 자식복이 없다고 합니다. 또 인중에 수염이 많이 나 있는 사람은 이상도 높고 일찍 성공하는 경우가 많습니다. 반대로 인중에 수염이 적은 사람은 무슨 일에나 재치가 있고, 아는 것도 많습니다. 주위에서 만물박사라고 부르는 사람들이 대개 그러한 사람들입니다.

윗입술에 맞닿고 있는 인중의 아랫쪽은 사람에 따라 모양이 각각 다릅니다.

옛날에는 인중의 모양을 보고 아들딸 중의 어느쪽을 많이 낳을 것인가를 짐작했다 합니다.

〈그림 20〉을 보아 주시기 바랍니다.

〈그림 19〉

인중에 가로질러서 줄이 가 있는 사람은 자식복이 없다

①처럼 인중의 아랫끝(윗입술)이 연필 끝처럼 뾰족하게 되어 있는 사람은 아들을 많이 낳고, ②처럼 거기가 둥근 사람은 딸복이 많습니다. 또한 ③처럼 인중의 아랫쪽이 윗쪽보다 넓게 퍼진 사람도 있는데 아들이 많을 상이며, ④처럼 인중의 아래위가 똑바로 평행선을 긋고 있는 사람은 아들딸이 반반씩이라 가장 자식복이 좋은 상입니다.

이것은 부부의 어느쪽 인상을 보아도 상관없습니다.

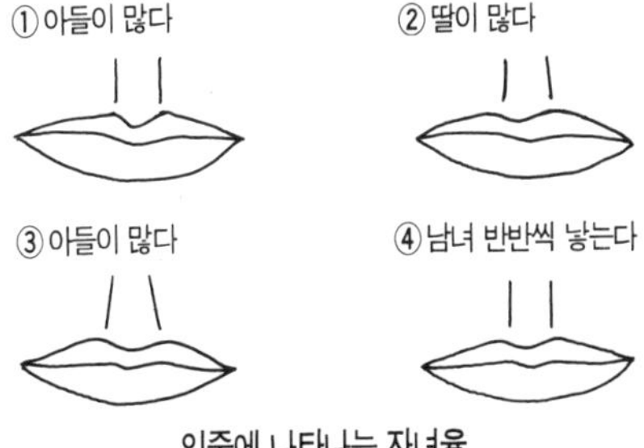

인중에 나타나는 자녀율

어느 나라를 막론하고 통계적으로 보면 전쟁중이나 전후의 혼란된 비상시에는 사내아이의 출산율이 높고 세상이 평화스러워지면 여자의 출생률이 높다고 합니다.

우리네 가정에서도 마찬가지라, 생활의 어려움이 없는 유복한 가정에는 딸이 많고, 심신이 고달픈 시절에는 아들을 많이 낳게 된다고 합니다.

인중에 나타나는 것은 아들딸의 비율만이 아닙니다.

〈그림 21〉을 보십시오.

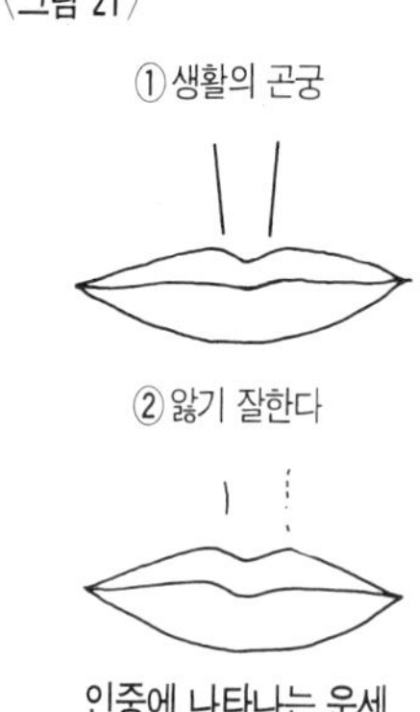

①처럼 인중의 윗쪽이 넓고 아랫쪽이 좁은 사람은 나이가 들수록 생활이 곤궁해지는 상입니다. 인중이 눈에 띄게 좁은 사람도 생활고에 시달리기가 쉽습니다.

이런 상의 사람은 소심하고 겁이 많은 성품을 갖고 있습니다.

인중의 가운데가 넓고 ②처럼 인중의 윤곽이 흐릿해져 있는 사람은 일이 99 % 성취되는 것처럼 보이다가도 마지막에 파탄을 가져오는 운세를 갖고 있습니다. 이상스럽게 그런 불운이 겹치는 상으로, 이런 인중을 가진 사람은 또 툭하면 앓기를 잘 합니다. 병약한 체질이라기보다 긴장이 풀려 있기 때문입니다.

인중에 점이 있는 여성은 자궁에 질환이 있다

인중에 점이나 상처가 있으면 흉상으로 칩니다.

특히 남성 가운데 그런 사람은 남에게 욕을 많이 먹고, 직업을 자주 바꾸게 되는데다가 여색(女色)까지 좋아하는 편입니다.

여성의 경우 인중을 자궁으로 보는 발상이 있습니다.

코처럼 인중도 비뚤어진 여성이 있는데 이런 여성은 자궁이 전굴(前屈) 또는 후굴(後屈)로 되어 있어 나이가 들면서 허리가 아플 경우가 많습니다.

또 인중에 점이 있는 사람은 역시 자궁에 질병을

갖고 있는 징후를 나타내고 있는데 〈그림 22〉처럼 그 점의 위치에 따라 보는 법이 다릅니다.

우선 ①처럼 코 바로 아래에 점이 있는 사람은 단명한 것으로 되어 있습니다. 옛날 사람들의 생각이므로 난산의 위험이 있어 일찍 목숨을 잃었던 게 아닌가 생각됩니다.

또 ②처럼 인중의 한가운데 점이 있는 사람은 확실히 자궁이 약해, 아이를 낳기가 힘이 듭니다. 그래서 그런지 이런 여성은 재혼하는 확률도 많은 상이라고 합니다. ②와 비슷한 위치이기는 한데 ③처럼 점이 좌우 어느 쪽인가로 치우쳐 있는 사람은 자궁의 질병과는 상관없이 간통의 상으로 보고 있습니다.

또 ④처럼 인중의 맨 아랫쪽에 점이 있으면 남녀를 불문하고 품행이 방정치 못해 늘 남녀관계가 복잡합니다. 그뿐이 아닙니다. 웃었을 때 슬쩍 인중에 옆줄이나 주름이 가는 여성이 있습니다. 이런 여성도 남녀관계가 복잡한 상인데 혼전성교를 너무 즐겨도 이런 현상이 생기는 모양이니 미혼 여성들은 조심해야 할 것 같습니다.

여기서 다시 한번 말씀드리고 싶은 것은 여기에 있는 내용들은 하나도 꾸며낸 것이 없다는 점입니다. 발상의 비밀을 수집하다 보니, 예로부터 내려오는 관상들을 간추린 것뿐입니다. 발상도 발상이려니와 통계적인 경험법칙 같은 것도 많이 가미되어 있어 백이면 백 다 맞는다고는 할 수 없습니다.

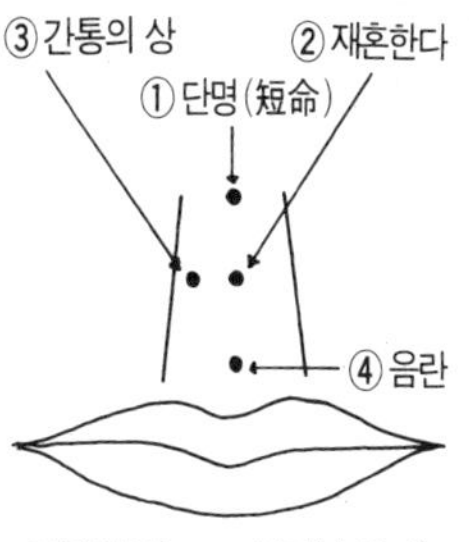

인중의 점으로 살펴본 운세

필자의 경험에 의하면 75％정도의 확률은 되는
것 같으니 참고하시기를……．

이마에 대하여

이마가 세상을 움직이고 있다

대머리는 부모가 물려준 재산
남편의 이마가 넓으면 시부모를 부양하기 쉽다
관록(官祿)이 좋아야 공무원으로 대성한다
국회의원은 대부분 좋은 이마를 갖고 있다
이마에는 주름살이 세 줄만 있는 것이 좋다
가운데 주름(人紋)만 짧은 사람은 결혼운이 좋지 않다
이마에 잔주름이 많으면 남의 치다꺼리가 많다
007 영화는 주인공을 제대로 써서 히트했다
미인은 남편에게 반항하기 쉬운 이마를 가졌다
미간에 내 천(川)자를 그리면 고독한 생을 산다
현침문(縣針紋)은 욕구불만의 상
이마에 여드름이 나면 매사에 조심하라

이마

이마가 세상을 움직이고 있다

대머리는 부모가 물려준 재산

이세상에는 대머리로 고민하는 사람이 의외로 많이 있습니다. 대머리를 상대로 가발업자가 부지런히 광고를 내고 있는 것을 보면 그런 사람들의 고민이 적지 않음을 짐작할 수 있습니다. 참으로 어처구니없는 일입니다. 무엇때문에 대머리로 고민을 하십니까?

다음 사진들을 보아 주십시오.

〈사진 16〉은 중국의 최고실력자 등소평(鄧小平), ⑰은 이란의 호메이니(Ayatullah Khomeini)옹, ⑱은 해방후 일본정계의 대부였던 요시다 시게루(吉田茂) 전수상이며 〈사진 19〉는 쿠바의 통치자 피델 카스트로(Fidel Castro) 수상, ⑳은 1983년 조국 폴란드를 방문했던 교황 요한 바오로 2세(오른쪽)와 폴란드의 실권자 야루젤스키(Jaruzelski)의 모습

〈사진 16〉
중국의 최고 실력자 등소평

〈사진 17〉

이란의 호메이니 옹

〈사진 18〉

일본의 요시다 시게루 전 수상

〈사진 20〉

교황 요한 바오로 2세(오른쪽)와
폴란드의 실권자 야루젤스키

입니다.

모두 세계적인 인물들입니다.

〈사진 21〉은 우리 나라에도 잘 알려진 미국 노스
웨스트(Northwest) 항공사의 스티븐 로드미어
(Steven Rothmeier) 회장이며 ㉒는 미국 최대은행이
라고 할 수 있는 몰간은행(J.P Morgan & Co.)
의 루이스 프레스톤(Lewis Preston) 회장입니다.
〈사진 23〉은 쏘니(SONY)의 창업자인 모리따 회
장, ㉔는 홍콩 부동산계의 거부(巨富) 리카싱(Li
Ka Shing)으로 그는 홍콩 전체 증권시장 주식의
15%를 소유하고 있으며 수퍼 · 체인, 자동차, 홍콩화
물의 절반을 취급하는 항만시설 등을 소유하고 있습
니다.

〈사진 25〉는 84년 LA올림픽 조직위원장을 맡아
올림픽 역사상 처음으로 2천7백75억 원의 흑자 흥행
에 성공한 피터 위버로드(Peter Weberroth), ㉖은
일본 유통업계의 왕자 세이부(西武) 세송그룹의
쓰쓰미 회장, ㉗은 세계적인 필림 메이커인 일본
후지 필림(FUJI FILM)의 오오니시 미노루(大西

實) 사장 ㉘은 스페인이 낳은 세계적인 화가 파브로 피카소(Pablo Picasso)입니다.

이 모든 사람의 공통점은 이마의 넓이입니다. 동서고금을 막론하고 한 시대를 움직였던 정치가는 물론 경제·사회·문화·과학·예술·스포츠에 이르기까지 어떤 분야에서나 두각을 나타내고 그 시대에 크게 성공했던 인물들은 거의 예외없이 대머리였거나 이마가 굉장히 잘생긴 사람입니다.

근래의 미국 대통령만 하더라도 루스벨트(Roosevelt), 트루먼(Truman), 아이젠하워(Eisenhower), 존슨(Johnson), 닉슨(Nixon), 포드(Ford), 카터(Carter) 등 거의가 대머리였거나 그와 비슷하게 이마가 벗겨져 있었습니다. 조지 부시 현 대통령도 마찬가지입니다(사진 29. 30. 31 참조).

〈사진 32〉를 보십시오. 이것은 1984. 1. 9일자 『타임(TIME)』지에 실렸던 소련의 최고 권력층인 여덟 명의 핵심 정치국원들의 모습입니다. 앞줄 왼쪽부터 ① 유스티노프(Ustinov), ② 그로미코(Gromyko), ③ 체르넨코(Chernenko), ④ 티코노프(Tikhonov), 뒷줄 왼쪽부터 ⑤ 보로니코프(Voro-

〈사진 19〉
쿠바의 피델 카스트로 수상

〈사진 21〉
노스웨스트 항공사의
스티븐 로드미어 회장

〈사진 32〉

1984. 1. 9일자 TIME지에 실렸던 소련의 최고권력층인 핵심 정치국원들의 모습이다

〈사진 22〉

미국 최대 은행이라 할 수 있는
몰간은행의 루이스 프레스톤 회장

〈사진 23〉

쏘니(SONY)의 모리따 회장

tnikov) ⑥ 로마노프(Romanov), ⑦ 빅토루 그리신
(Victor Grishin), ⑧ 고르바초프(Gorbachev)의
순입니다.

모두 이마를 보십시오.

이것은 우연의 일치가 아닙니다. 이마가 넓은
사람은 똑같은 노력을 해도 그만큼 성공률이 높기
때문입니다. 그러므로 대머리는 부모가 물려준 말할
수 없이 값진 재산이라고 할 수 있습니다. 그런데
무엇때문에 고민을 하십니까? 쓸데없이 고민을
하거나 가발을 쓸 생각은 아예 하지 마십시오.

여성도 마찬가지입니다. 대머리까지는 뭣하지만
이마가 너무 넓다고 앞머리를 있는 대로 내려서
덮고 다닐 필요가 없습니다(사진 33 참조). 남자건
여자건 이마는 되도록 시원스럽게 내보이고 다니는
것이 보기에도 좋고 운세도 피는 것입니다. 결혼
상대자나 사윗감을 고르시는 부모님들은 같은 조건
이면 이마가 시원스럽게 넓은 청년에 점을 찍어
두시는 것도 현명한 판단일 것 같습니다.

남편의 이마가 넓으면 시부모를 부양하기 쉽다

이마가 넓은 것이 유리하다는 발상은 이마가
'하늘의 뜰(天庭)' 또는 '하늘의 창고(天倉)'라고 보는
것에서 비롯됩니다.

이마는 부모나 윗사람의 은덕이 쌓이는 곳으로
보기 때문에 뜰이건 창고이건 넓을수록 좋은 것입니

다. 그리고 흠집이나 점이 없어야 되며 피부의 살집이 두툼한 것을 좋은 상으로 봅니다. 상학에서는 이마를 윗사람과의 관계로 보고 있으므로 이마가 넓은 사람은 이마가 좁고 살집이 없는 사람보다 상하 관계가 원만하다고 판단합니다. 그러나 아무리 이마가 넓더라도 흠집이 있거나 울퉁불퉁하게 생긴 사람은 이마가 좁은 사람과 다를 바가 없습니다.

이마를 보면 그 사람이 장남인지 아닌지를 짐작할 수 있습니다. 다시말해서 그 집에 형제가 여럿 있다 하더라도 장남의 이마가 가장 넓고 그 아래로 내려갈수록 이마의 넓이가 차례로 좁아지는 법입니다.

그러나 어떤 집의 형제들을 보면 장남보다 둘째나 셋째아들의 이마가 두드러지게 넓은 경우가 있습니다. 이런 사람은 가령 막내아들이라 할지라도 장남의 상으로 부모의 가업을 이어받거나 부모를 모시고 살아갈 운명입니다. 요즈음은 핵가족 시대여서 장남이라도 부모를 모시고 살지 않는 경우가 많으나 이상스럽게도 이러한 이치는 확률이 높은 것으로 나타나고 있습니다.

장남인 형이 어엿하게 직장을 가지고 있어도 그 수입만으로는 자기 식구를 먹여살리기도 벅찬 경우가 있는 것입니다. 그리하여 자연히 이마가 넓은 동생이 부모를 모시거나 형님집에 부모의 생활비와 용돈, 심지어는 조카들의 등록금까지 보태게 됩니다. 장남이 아니면서도 장남 구실을 하게 되는 것이라 할 수 있습니다.

여성의 경우는 출가외인이라 남성 같지는 않지만

〈사진 24〉
홍콩의 억만장자 리카싱

〈사진 25〉
LA올림픽 조직위원장이었던 피터 위버로드

〈사진 26〉
일본 유통업계의 왕자
세이부 세송 그룹의 쓰쓰미 회장

〈그림 23〉

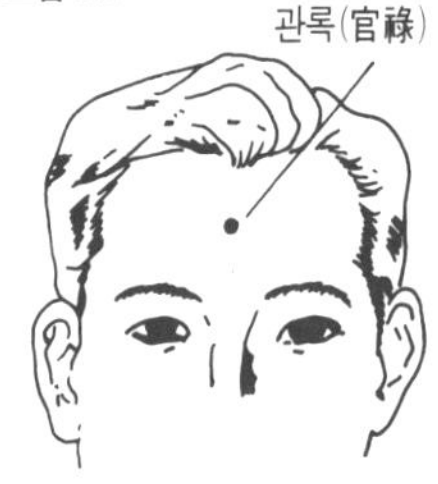

〈사진 27〉
일본 FUJI 필림의
오오니시 미노루 사장

만약 딸만 있는 집안이라면 좋은 일이건 궂은 일이건 친정집의 치다꺼리를 많이 하게 되는 것은 이마가 가장 넓은 딸이 됩니다. 만약 그녀가 아들이 없는 재벌집 딸이라면 그 재산이나 기업을 실질적으로 이어받는 것도 이마가 가장 넓은 딸(사위)이 되는 것입니다.

관록이 좋아야 공무원으로 대성한다

이마는 넓은 것이 좋다고 이미 설명했지만 이마가 다소 좁더라도 이마 한가운데의 살집이 두툼한 사람은 이마가 넓은 사람처럼 운세가 좋은 것이라 합니다.

〈그림 23〉을 보아 주십시오.

상학에서는 이 자리를 관록(官祿)이라고 부르는데 이 자리의 살집이 두툼해야 부모의 덕이 있어 가업이나 재산을 물려받을 수 있고, 또 윗사람이 끌어주는 힘도 있어 은혜받은 인생이라고 말할 수 있습니다. 관록에 살집이 두툼한가 어떤가는 옆 얼굴을 보면 잘 알 수가 있습니다.

〈사진 34〉는 왕년의 명화 「바람과 함께 사라지다」에 출연했던 클라크 게이블(Clark Gable)의 옆모습입니다. 그의 이마를 주의깊게 보십시오.

관록을 뜻하는 이마 한가운데가 움푹 들어가 있습니다. 이런 얼굴은 관리(官吏)나 국가의 녹을 먹고 사는 일에는 적성이 안 맞는 상이라고 볼 수 있습니다. 클라크 게이블도 예외는 아니어서 부모덕이 없이 혼자 힘으로 인생을 개척했을 것이 틀림없습니다. 그러나 〈사진 35〉를 보십시오. 미국 국무장관을 지냈던 슐츠(Shultz)의 옆 얼굴입니다. 대머리가 시원하게 벗겨진 것은 물론 관록 부분에도 살집이 두툼한 것을 볼 수 있습니다. 관록 부분에 살집이 두툼하면 이마 전체에 힘이 넘치게 보여 운세도 힘차게 뻗는 것입니다. 반대로 관록 부분에 살집이 없거나 푹 패인 사람은 이마 전체가 약하게 보여 운세도 힘차지를 못하다고 합니다.

〈사진 28〉
스페인이 낳은 세계적인 화가
파브로 피카소

국회의원은 대부분 좋은 이마를 갖고 있다

관록이 좋은 사람은 무슨 일을 해도 운세가 좋기 때문에 일반 회사에 취직을 하더라도 상당한 지위에 오를 수가 있고 사업을 하는 경우에도 성공할 확률이 큰 상입니다. 그러나 관록에 흠집이나 점이 있다든지 살집이 없이 움푹 들어간 사람은 부모의 유산을 받거나 가업을 잇게 되더라도 그 재산을 지탱하는데 어려운 점이 많다고 합니다.

여성의 경우는 관록을 어떻게 보는가? 옛날에는 남성 위주의 사회여서 그런 것은 생각할 필요조차 없었습니다. 따라서 이에 대한 설명은 별로 없고 다만 여인의 관록이 두툼하고 색깔이 좋아 어딘지 모르게 훤한 얼굴을 하고 있으면 '그 사람의 남편의 운세가 대단히 좋을 때'라고 합니다. 그러나 오늘날

〈사진 29〉 트루먼 대통령

〈사진 30〉 닉슨 대통령

〈사진 31〉

포드 대통령

에는 여성의 관록도 독자적인 가치판단을 하지 않으면 안되는 세상이 되었습니다.

필자가 언론계에 몸담고 있을 때 가깝게 지냈던 국회의원 한분이 있습니다. 서울출신으로 패기도 있고 조직력과 설득력도 뛰어난 야당의 중진급 정치인입니다. 일찍이 젊은 나이에 국회의원이 되었지만 이마의 상이 그렇게 좋은 편은 아니었습니다. 그래서 그런지 그는 정치범으로 교도소 생활도 많이 했고 이상스럽게 국회의원에 출마할 때쯤이면 〈정치정화법〉 같은데 묶여 있는 상황에 늘 놓여 있었습니다. 13대 국회의원선거 때는 참으로 오래간만에 자기 지역구인 서울에서 출마할 기회를 얻었지만 뜻하지 않게 또 한번 쓴잔을 마시고야 말았습니다.

이 글을 쓰면서도 왜 그런지 그분의 이마를 다시 한번 생각하게 되는 것입니다.

이마에는 주름살이 세 줄만 있는 것이 좋다

이마에는 대개 주름살이 있게 마련입니다. 젊었을 때는 잘 나타나지 않는 사람도 있으나 누구나 나이가 들면 피부에 탄력이 없어지기 때문에 나이든 여성들이 아무리 화장을 짙게 해도 주름살을 감추기란 여간 어려운 것이 아닙니다.

젊었을 때부터 이마에 주름살이 보이는 것은 피부가 두텁기 때문인데 두개골의 전면을 덮는 이마의 피부가 얇은 사람에게는 주름이 별로 지지 않는

〈사진 33〉

이마는 넓을수록 좋은 상이므로 애써 앞머리를 내려 덮고 다닐 필요가 없다

법입니다.

당신의 얼굴을 거울에 비추어 보십시오. 보통 사람들은 〈그림 24〉에서 보는 바와 같이 이마에 주름이 세 개씩 있습니다. 이것을 상학에서는 삼문(三紋)이라고 하는데 맨 위의 주름을 천문(天紋), 가운데 것을 인문(人紋), 아래는 지문(地紋)이라고 부릅니다.

맨 윗줄인 천문은 그 사람의 전반적인 운세를 보며 윗사람과의 관계를 판단합니다. 천문이 한 일자(一)로 쭈욱 뻗어 있는 사람은 부모나 윗사람이 이끌어주고 잘 보아 주는 운세를 타고났기 때문에 전반적인 운세도 좋은 편입니다.

가운뎃줄인 인문은 건강상태와 재운, 친구나 동료와의 관계를 봅니다. 인문이 분명하게 뻗어 있는 사람은 건강도 좋고 친구덕도 많으며 그런 것이 없더라도 넉넉히 자기 힘으로 운명을 개척해 나갈 수 있는 힘이 있습니다.

맨 아랫줄인 지문은 자손들과 가운(家運), 손아랫사람(부하)과의 관계를 봅니다. 사람은 나이가 들어가면서 자손이 번창하고 자기를 받쳐주는 좋은 부하(아랫사람)가 없으면 성공하기 어려운 것입니다. 따라서 지문이 분명하지 못한 사람은 지휘관보다는 참모형의 일이나 많은 부하를 쓰게 되는 큰 무역회사의 부장보다는 자기 혼자서 일을 꾸려가는 오파상 같은 일에 적성이 맞는다고 볼 수 있습니다.

이 천문과 인문, 지문이 가지런히 뻗어 있는 사람은 일평생 의식주의 걱정이 없다고 합니다.

〈사진 34〉

명화 「바람과 함께 사라지다」의 클라크 게이블. 관록을 뜻하는 이마 한가운데가 움푹 들어가 있는 것을 볼 수 있다

〈사진 35〉

미국 국무장관을 지냈던 슐츠 대머리가 벗겨진 것은 물론 관록 부분에도 살집이 두툼하여 이마 전체에 힘이 넘치게 보인다

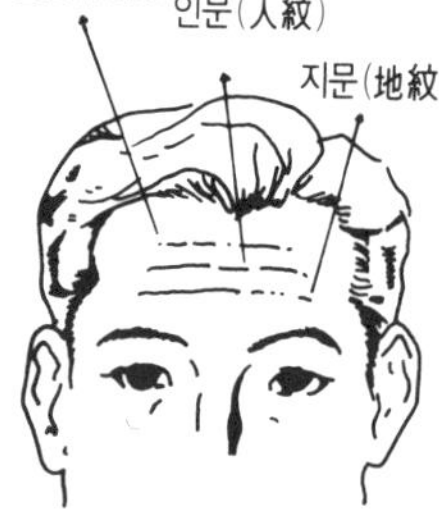

〈그림 24〉

천문(天紋)　인문(人紋)

지문(地紋)

〈사진 37〉

세개의 주름이 뚜렷하게 패인
폴 뉴만

〈사진 36〉

영화 「카사브랑카」의 주연
잉그리드 버그만과 험프리 보가트
천문·인문·지문의 주름살이
뚜렷하게 나타나 보인다

일설에는 이런 이마를 가진 사람은 의식주에 궁한 것은 없으나 크게 발전하지 못한다고 보는 사람도 있는데 이는 너무 아쉬운 것이 없는 사람은 큰 야심을 갖거나 모험적인 사업에 손을 대지 않을 것이기 때문입니다.

어쨌든 이마에 세 개의 주름이 분명하게 그려져 있고 끝이 약간 올라간 듯한 사람은 성격도 원만하고 막히는 일도 적어 이마의 상으로는 가장 좋은 것으로 칩니다. 이마에 주름살이 없다고 좋아할 사람도 있겠습니다만……

연예계 사람들도 마찬가집니다.

〈사진 36〉을 보십시오. 왕년의 명화 「카사브랑카」의 한 장면입니다.

잉그리드 버그만(Ingrid Bergman)을 보고 있는

험프리 보가트(Humphrey Bogart)의 이마를 보면 천문·인문·지문의 주름살이 뚜렷하게 나타나 보입니다. 〈사진 37〉의 폴 뉴만(Paul Newman)의 이마도 마찬가집니다.

어느 분야를 막론하고 대성하는 사람들의 이마에는 다 표시가 있는 것입니다.

가운데 주름(人紋)만 짧은 사람은 결혼운이 좋지 않다

이마의 주름살을 가만히 보면 천문·인문·지문의 세 줄이 끊기지 않고 분명하게 나와 있는 사람은 실제로 그렇게 많지를 않습니다. 대개는 세 줄 가운데 어느 한 줄이 끊어져 있고 서로 잘 이어져 있지 않거나 전혀 나타나지 않는 수도 있습니다.

〈그림 25〉를 보아 주십시오.

①처럼 천문이 끊어져 있는 사람은 윗사람과 불편한 관계인 수가 많고 자연히 윗사람이 이끌어주는 덕도 적다고 합니다. 또 천문이 끊어지지 않았다 하더라도 있는둥 만둥 어렴풋이 있는 사람도 힘이 되어 줄 만한 윗사람이 적은 상이라고 합니다.

②처럼 인문이 끊어져 있는 사람은 남과 다투기 쉽고 일생을 통해 한번쯤은 크게 실패하는 경우도 있다니 조심할 일입니다. 또 이런 사람은 건강도 재운도 좋은 편은 아니라고 합니다. 그러나 천문과 지문이 끊어져 있어도 인문이 굵고 힘차게 패여

〈그림 25〉

이마의 주름 8종류

① 윗사람 덕이 적다

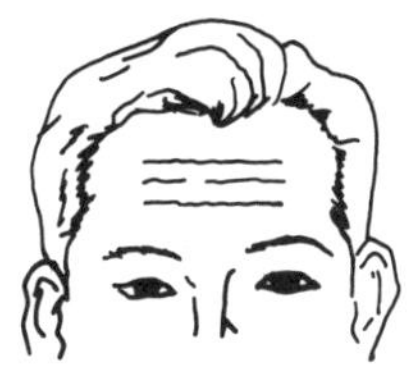

② 재운이 약하다

③ 부하덕이 적다

④ 형제·부부사이가 원만하지 못하다

⑤결혼운이 좋지 않다

⑥초년·중년운이 문제

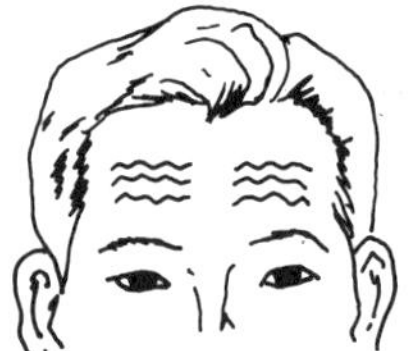

⑦비관적인 성격

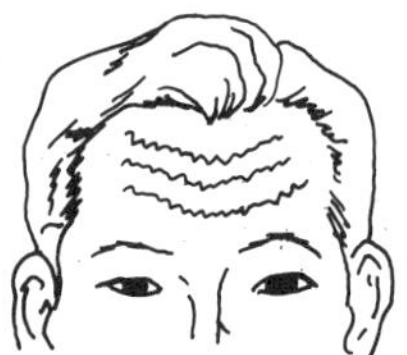

⑧돈버는 재주가 없다

있는 사람은 제 힘으로 운명을 개척해 나갈 상입니다.

③처럼 지문이 끊어져 있거나 아예 없는 사람은 믿을 만한 부하나 손아랫사람이 적다는 것을 나타냅니다. 그러나 천문과 인문이 다 끊어져 있어도 지문이 힘차게 뻗어 있는 사람은 중년 이후에 아랫사람이 잘 받쳐 주는 덕으로 운이 트이는 상입니다.

④와 같이 인문만 있고 천문과 지문이 전혀 없는 사람도 있습니다. 이러한 사람은 형제와 부부사이가 원만하지 않은 경우가 많으며 ⑤처럼 다른 주름은 분명한데 인문만 짧은 경우도 부부사이가 좋은 편은 아니라고 합니다.

⑥처럼 이마의 주름이 파도처럼 출렁거리는 사람이 있습니다. 이것은 초년운은 말할 것도 없고 중년운은 더 좋지 않다는 민망스러운 상입니다. 게다가 ⑦처럼 한가운데는 주름이 없고 양쪽으로 갈라져서 파도 모양을 일으키는 사람은 만사를 비관적으로만 생각하는 성격으로 고생을 사서하는 타입입니다.

⑧은 마치 가을하늘에 기러기가 날아가는 모습을 하고 있습니다. 이마가 좁은 근골질(筋骨質)의 사람에게 잘 나타나는 상으로 이런 사람은 돈 버는 소질이 없으며 물질에 대한 욕심이 적어서 담백한 성격으로 사색형이라 볼 수 있습니다. 그림에서는 천문·인문·지문이 다 기러기처럼 나타나고 있는데 그 중의 어느 한 줄만 기러기처럼 생겼어도 마찬가지라고 합니다.

이마에 잔주름이 많으면 남의 치다꺼리가 많다

이마 전체에 잔주름이 무수히 있는 사람이 있는데 이런 사람은 제 일보다 남의 일을 돌보지 않으면 안될 일이 끊이지 않는 고단한 운세를 갖고 있습니다.

여성의 경우는 어쩐 일인지 부탁받지도 않은 일에 스스로 나서서 고생을 짊어지는 딱한 성격이라 할 수 있습니다.

이제까지 살펴본 바로는 '이마에 주름이 세 줄 이상일 때는 어떻게 보는가?'하는 의문이 생깁니다. 그런 경우는 가운데 세 줄만 남겨 놓고 윗쪽은 홀수, 아랫쪽은 짝수를 제외해 버립니다. 이때 먼저 윗쪽을 홀수로 제외하는 것이 중요합니다. 가령 주름이 네 줄이라면 위의 한 줄만 제외하고 다섯 줄이라면 위의 한 줄, 아랫쪽의 한 줄을 제외합니다. 만일 주름이 여섯 줄이라면 위의 한 줄, 아래 두 줄을 제외해 버리면 됩니다.

〈사진 38〉
007 영화의 주인공으로 잘 알려진 숀 코네리. 윗 이마가 매우 넓어 추리능력이 뛰어난지도 모른다

007 영화는 주인공을 제대로 써서 히트했다

이마의 넓이란 머리카락이 나기 시작한 데서부터 눈썹 사이를 말합니다. 그 이마를 셋으로 나누어 맨 윗쪽은 추리력, 가운데는 기억력, 아랫쪽은 직관력을 봅니다.

추리능력, 바꿔 말해서 지능이나 상상력이 발달된

사람은 이 윗이마가 넓은 경우가 많습니다.

〈사진 38〉은 007 영화의 주인공으로 우리에게 너무나도 잘 알려진 숀 코네리(Sean Connery)의 얼굴입니다.

대체로 이마의 종류는 〈그림 26〉에서 보는 것처럼 세 가지로 나눌 수 있습니다.

①의 지능형이란 숀 코네리처럼 이마의 양쪽이 벗겨져 위로 올라간 상으로 이런 사람은 추리력이 발달되어 있습니다.

007 영화의 주인공 제임스 본드의 역을 해내려면 역시 관상학적으로도 추리능력이 비상하게 발달된 상이어야 어울리는데 그런 면으로 보면 007 영화는 흥행에 성공할 만큼 주인공의 배역을 썩 잘 고른 것이라 할 수 있습니다.

전에 C야구단 감독을 지냈던 K씨도 이런 타입의 이마로 K감독은 숀 코네리보다 이마 전체가 시원하게 넓어 만나본 일은 없지만 기억력과 직관력에 천부적인 재질이 있는데다 상대 팀의 작전을 꿰뚫어

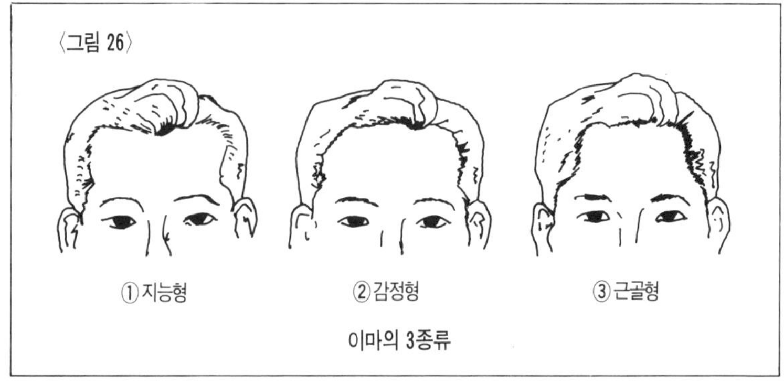

보는 추리력도 남달리 뛰어나다고 보아야 할 것입니다.

이 지능형의 이마를 가진 사람은 대체로 코가 뾰족하거나 광대뼈가 튀어나오지 않는 법인데 만일 이런 이마로 코나 광대뼈가 높은 사람이 있다면 일처리를 여간 예리하게 해낼 수 있는 인물임에 틀림없습니다.

②처럼 둥근 이마를 가진 사람은 이마의 윗쪽보다 중앙에서 아랫쪽이 넓어 추리력보다는 기억력이나 직관력이 뛰어나며 욱하기 쉽고 곧 가라앉기 쉬운 감정형입니다. 또 이마의 모양과 관계없이 옆에서 얼굴을 보았을 때 눈썹의 바로 위(眉丘)가 튀어나온 이마가 있습니다. 이런 사람은 특히 직관력이 발달되어 있는데 〈사진 34〉의 클라크 게이블이 그런 형입니다.

③은 이마의 윗쪽이 좁고 아랫쪽이 넓어 모가 난 근골형(筋骨型)의 이마입니다. 이런 타입은 근골이 발달된 남성에게 많이 있는데 높은 자리에 오르더라도 잔재주를 부리지 않고, 앉아서 도장을 찍기보다는 현장에 나가 밀어젖히는 불도저형입니다. 서울 시장을 지냈던 김현옥 씨가 이런 타입이 아니었나 생각됩니다.

미인은 남편에게 반항하기 쉬운 이마를 가졌다

〈그림 26〉의 이마의 세 종류를 다시 한번 보아

〈사진 39〉

영양을 나타내는 머리카락이
중앙에 내려와 있는 먼데일

주십시오.

　①의 지능형은 이마의 양쪽이 머리를 파고 위로 올라가 있기 때문에 중앙의 머리카락이 아래로 처져 있습니다. 머리카락의 중앙이 내려와 있는 것은 영양을 나타내는 것으로 ②의 감정형, ③의 근골형보다 좋은 음식을 먹고(어떤 의미에서는 식생활이 사치스러운) 지낼 수 있는 상입니다(사진 39 참조). 또 중앙으로 처져 있는 머리카락의 모양이 변형되어 〈그림 27〉처럼 보이는 이마가 있습니다. 일본 사람들은 이런 이마를 유명한 후지산(富士山)의 모양 같다고 해서 〈후지 이마〉라고 부르는데 일본 여자들의 미인의 조건으로 치고 있는 이마 모양입니다.

　이렇게 이마의 중앙에 머리카락이 처져 내려와 있는 것을 상학에서는 삼차(參差)라고 부르는데 감정형이나 근골형의 이마에도 삼차가 붙어 있는 사람이 얼마든지 있습니다.

　삼차는 〈그림 27〉의 ②나 ③처럼 수가 많을수록

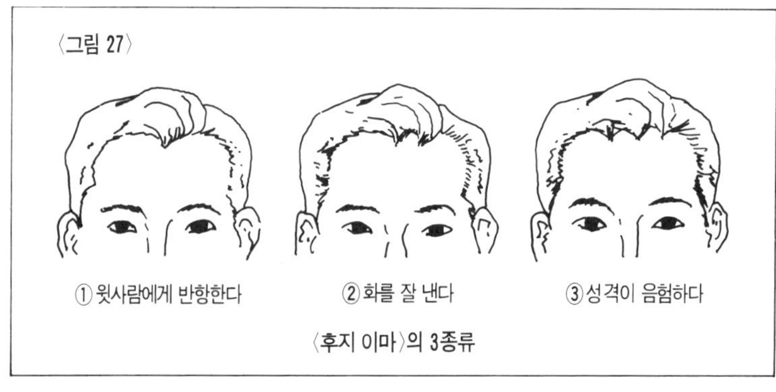

〈후지 이마〉의 3종류

반골적인 운세를 나타내고 있습니다. 이런 사람은 남에게 충고를 들어도 완고하게 자기 주장을 굽히지 않는 성격이라고 합니다. 특히 ②와 같은 이마를 가진 남성은 화를 잘 내기 쉽고 ③과 같은 이마는 음험한 상이라고 합니다.

보통 삼차가 있는 남성은 위에 누이가 있는 경우가 많은데 만약 실제로 그 남성에게 누이가 없다면 어머니가 그 이전에 여자아이를 유산했을지도 모른다고 합니다. 아무튼 삼차가 있는 남성은 양친의 첫번째 자식이 아니라는 것입니다.

여성의 경우도 삼차가 있으면 역시 반항형으로 결혼을 하게 되면 남편에게 반항하기 쉬운 성격이라고 봅니다. 특히 〈그림 26〉의 ①처럼 양쪽이 위로 파고 올라간 이마에 삼차가 붙어 있는 여성은 매사에 이론적으로 따지기 좋아하고 이상이 너무 높기 때문에 결국 혼기를 놓치는 경우가 많다는 것입니다.

미간에 내 천(川)자를 그리면 고독한 생을 산다

'이마에 내 천(川)자를 그린다'는 말이 있습니다. 뭔가 일이 뜻대로 되지 않아 신경질이 날 때 미간을 찌푸리면 주름살이 생기는 것입니다. 이마의 주름살이 가로인 데 반해 미간의 주름살은 대개 세로입니다.

미간의 주름은 〈사진 40〉의 알랑 드롱(Alain

〈사진 40〉

알랑 드롱과 같이 미간에 여덟 팔(八)자 주름이 지는 사람은 기우형(杞憂型)으로 쓸데없는 걱정이 끊일 날이 없다

Delon)처럼 대개는 여덟 팔(八)자로 지는데 미간을 약간 찡그리면 자연히 그렇게 됩니다. 얼굴을 찡그리지 않아도 늘 이렇게 주름이 진 사람은 기우형(杞憂型)으로 지금 걱정하지 않아도 될 먼 장래의 일까지 쓸데없이 걱정하는 타입이라 할 수 있습니다.

〈사진 41〉은 주리에타 마시나(Giulietta Masina)와 안소니 퀸(Anthony Quinn)이 출연했던 영화 「길」의 한 장면입니다. 자세히 보면 안소니 퀸의 미간에 내 천(川)자 주름이 잡혀 있는 것을 알 수 있습니다.

〈사진 41〉

주리에타 마시나와 안소니 퀸이 출연했던 영화 「길」의 한 장면.
안소니 퀸의 미간에 내 천(川)자 주름이 잡혀 있다

〈사진 42〉는 유명한 액션 스타 스티브 매퀸(Steve McQueen)의 얼굴입니다. 미간이 내 천(川)자로 주름이 져 있습니다. 이런 사람은 자그마한 일에도 신경을 많이 쓰는 타입으로 심리적으로도 늘 고독한 인생을 보낸다는 상입니다. 아닌게아니라

스티브 매퀸의 일생도 그러했다고 합니다. 그는 태어난 지 6개월 만에 부모가 이혼을 함으로써 고독한 인생을 시작했으며 열네 살 때는 드디어 불량소년으로 집을 나가 못된 짓을 일삼다가 소년원 생활을 하기도 했습니다. 제임스 딘이나 폴 뉴먼과 비슷한 시기에 헐리우드에 들어갔으나 폴 뉴먼이 주연하는 「상처뿐인 영광」에서 그는 겨우 피라미 깡패의 단역을 맡아 영화계에 데뷔했을 뿐입니다. 그후 스타덤에 올라 한동안 주연 배우로 화려한 생활을 누렸으나 1980년 11월 7일, 50세의 한창 나이에 암으로 고독하게 세상을 떠나고 말았습니다.

〈사진 42〉

유명한 액션 스타 스티브 매퀸. 1980년 11월 7일 한창 나이에 암으로 고독하게 세상을 떠났다

현침문(縣針紋)은 욕구불만의 상

미간에 딱 한 줄이 깊게 패인 사람이 있습니다. 〈사진 43〉은 왕년의 명화 「쿼바디스」의 한 장면

〈사진 43〉

영화 「쿼바디스」에서 데보라 카와 나란히 서있는 로버트 테일러의 미간에 현침문(縣針紋)이 깊게 패여 있다

인데 데보라 카(Deborah Kerr)와 나란히 서 있는

로버트 테일러(Robert Taylor)의 미간에 딱 한 줄이 세로로 깊게 패여 있는 것을 알 수 있습니다.

이것은 대개 미간이 좁은 사람에게 나타나는 주름살로 상학에서는 현침문(縣針紋)이라고 합니다. 이런 주름은 손윗사람, 즉 부모나 형, 또는 조직의 윗사람에게 늘 억눌려 살아 자기의 의사표시를 할 기회가 없어 욕구불만으로 차 있을 때 생긴다고 합니다. 역시 자그마한 일에도 근심걱정이 많은 성격이며 욕구불만으로 스트레스가 없는 날이 없다고 합니다.

여성 가운데 미간을 약간만 찌푸려도 이런 현침문이 생기는 사람은 당장 걱정할 필요가 없는 먼 장래의 일까지 근심걱정을 일삼는 기우형이기는 하나 정조 관념이 강하고 〈여성 자신〉도 구조적으로 이른바 〈명기(名器)〉의 자질을 갖추고 있다고 합니다. 남편된 입장에서는 아내의 쓸데없는 걱정을 다소 들어주어야 하는 부담은 있겠지만 크게 불만은 없을 테니까 부부사이는 괜찮을 것이라는 얘기도 되는 것입니다.

이마에 여드름이 나면 매사에 조심하라

사춘기가 되면 여드름이 나는 것이 보통입니다. 특히 하이틴의 남성에게 여드름이 나는 것은 생리적인 현상이라 신경쓸 것이 못되나 일반적으로 여드름이 난다는 것은 좋지 않은 징조로 보기도 합니다.

젊은 여대생 사이에서 이마에 여드름이 나면 '누군가가 너를 생각하고 있다…'고 넘겨짚는 경우가 있는데 반드시 그런 것은 아닙니다. 이마에 여드름이 나는 것은 무엇인가 일이 뜻대로 되지 않는 표시로 누군가가 생각해 주기보다는 여드름이 난 쪽이 누군가를 열심히 짝사랑하는 데 잘 이루어지지 않고 있는 형세로 풀이합니다. 만일 그런 애정문제가 아니라면 금전적인 고충이나 취직(또는 시험)의 전망이 좋지 않은 무언가 신경쓰이는 일이 있다는 징조로 보는 것이 더 정확할 것입니다.

아무튼 한창때 젊은이들의 여드름은 크게 생각해 볼 것이 못되나 나잇살이나 먹고서 여드름 같은 것(실은 여드름처럼 짜도 비지 같은 농이 나오지 않는)이 불쑥 이마에 나오는 것은 위험 신호로 봐야 합니다. 이것을 상학에서는 적포(赤皰)라고 해서 무언가 재해를 받을 전조로 봅니다. 교통사고나 화재, 또는 수난(水難)을 당할지도 모르니 조심할 일입니다.

또 미간에 여드름 자국이 푹 패여 구멍처럼 남아 있는 사람이 있습니다. 이러한 자국이 두세 개 있는 경우에는 차남이라도 장남의 책임을 지고 가업을 상속할 덕이 갖추어져 있는 사람이며 만약 그가 장남이라면 집을 나가 독립하는 운세로 봅니다. 그러나 이러한 구멍이 하나밖에 없는 경우는 자기의 희망을 달성하기 힘든 바람직하지 못한 상이라고 합니다.

반드시 모든 사람에게 적용된다고는 할 수 없지만

얼굴에는 여러 가지 운세가 쓰여 있다고 생각하고
별로 좋지 않은 점들은 될 수 있는 한 조심하는
편이 좋을 것 같습니다.

얼굴에는 여러 가지 운세가 쓰여 있다고 생각하고
별로 좋지 않은 점들은 될 수 있는 한 조심하는
편이 좋을 것 같습니다.

눈에 대하여

눈은 마음의 창이다

남자의 자신감은 눈을 보면 알 수 있다
눈이 큰 사람은 목소리도 크다
눈 사이가 넓은 여성은 유혹에 약하다
흰자위가 푸른 여성은 히스테리 증상이 있다
눈동자로 건강을 진단할 수 있다
갈색눈을 가지면 성격이 박정하다
흰자위가 많은 사람은 조심하라
쌍꺼풀이 떨어져 있는 여성은 '그늘 타입'
쌍꺼풀 수술은 팔자를 바꾸는 수도 있다
눈매가 아름다운 여성은 사랑싸움에 지기 쉽다
세모꼴 눈의 여성은 질투심이 강하다
눈이 푹 패인 사람은 부모덕이 없다
눈두덩에 사마귀가 있으면 유산을 지탱하기 어렵다
눈이 동그란 여성은 일찍 남편을 잃는다
눈꼬리가 올라간 여성은 남편을 깔고앉는다
누당(淚堂)이 불룩하면 음덕(陰德)을 쌓는다
눈 아래 점이 있으면 자녀 때문에 근심이 있다
눈꼬리에 점이 있는 여성은 연하의 남성을 사랑한다
속눈썹이 많은 여성은 손재주가 좋다

남자의 자신감은 눈을 보면 알 수 있다

눈은 사람의 마음의 창입니다. 그 사람의 눈을 보면 마음이 깨끗한가, 편안한가를 알 수 있습니다. 또 슬프거나 괴로운 표정을 읽을 수도 있고, 스쳐가는 눈길 속에서도 사랑을 느낄 수가 있습니다. 그만큼 눈은 자기의 심정을 잘 나타내는 곳입니다. 그래서 '눈은 입만큼이나 말을 한다'고 합니다.

대체로 눈이 험난하거나 매섭게 생긴 사람은 성질도 그러하며 눈에 힘이 있는 사람은 그때의 운세도 대단히 좋은 사람입니다.

눈이 멀겋게 보이거나 멍청하게 느껴지는 사람은 그당시의 운세도 형편이 좋지 않다고 볼 수 있습니다. 사람이 무엇인가 한가지만을 골똘히 생각하고 있을 때, 그 사람의 모든 정력은 눈에 집중되기 마련입니다.

사람을 마주볼 때 머뭇거리거나 겁내지 않고 눈을 크게 뜨는 사람은 진취적이고 야망도 큽니다. 따라서 운세도 좋은 사람입니다. 반대로 눈을 크게 뜨고 똑바로 상대를 쳐다보지 못하는 사람은 무슨 일에나 마음을 놓지 못할 뿐더러 끈기도 없으며 작은 일에도 쉽게 놀라는 버릇이 있습니다. 만사에 자신이 있는 사람과 없는 사람의 차이는 눈에서 바로 나타나기 마련입니다.

대기업의 입사시험에서 면접때 기업주가 보는 포인트는 주로 눈입니다. 눈을 보면 쓸 만한 사람인가 아닌가를 알 수 있기 때문입니다.

기업이란 진취적이고 운세가 발전적인 사람이 몰려 있을 때 그 사람들의 발전에 힘입어 자연히 발전되는 것입니다. 반대로 소극적이고 늘 푼수가 없는 사람을 채용하게 되면 그 사람들의 운세처럼 사세(社勢)도 별볼일이 없게 되는 것입니다. 그래서 재벌 그룹의 면접시험때는 대개 대답하는 수험자의 눈과 동작을 주시합니다. 면접이란 실력을 테스트하는 것이 아니라 그 사람이 진취적인가 소극적인가, 자신감이 있는가 없는가를 보는 자리이기 때문입니다.

좋은 직장에 취직을 하려면 언제나 눈을 똑바로 뜨고, 상대방을 자신있게 바라보면서 대답을 해야 되는 것입니다.

눈이 큰 사람은 목소리도 크다

눈이 큰 사람은 대체로 목소리도 큰 것을 알 수 있습니다. 상학에 의하면 성량의 크기와 눈의 크기는 일치한다고 합니다.

가수들을 유심히 살펴보면 유명한 가수들은 거의 눈이 큽니다. 가수가 아니더라도 노래를 잘하는 사람은 눈이 크고 입도 클 뿐더러 이가 가지런히 잘 나 있습니다.

치상에 의하면 아무리 눈이 크다 하더라도 이가 들쭉날쭉하게 엉망으로 생긴 사람은 음치라고 하는데 물론 예외가 없는 것은 아닙니다. 유행가 가수 가운데는 눈이 작고 입도 작은 사람이 있습니다. 이런 사람은 아무래도 성량이 부족해서 옥타브가 낮은 센티멘틀한 노래를 하게 됩니다.

얼굴에 비해 눈이 큰 사람은 성량도 풍부한데다가 음감(音感), 리듬감도 발달되어 있기 때문에 춤에도 소질이 있습니다. 성격 또한 활발하고 감수성이 풍부하여 놀기도 잘합니다. 그래서 그런지 말솜씨가 좋고 여자를 다루는 솜씨가 뛰어난 남성은 대체로 눈이 큰 편입니다. 자타가 공인하는 플레이보이를 보면 대개 눈이 시원합니다.

이와 반대로 눈이 작은 남성은 여자를 다루는 솜씨가 신통치 않습니다. 물론 '여자를 다루는 솜씨'와 '여자가 따르는 것'과는 별개의 경우라 할 수 있으나 아무튼 눈이 작은 남성은 〈그 방면〉에 소질이 없습니다. 또 남에게 돈을 꾸는 재주도 없다

88

고 보아야 합니다.

눈이 작은 사람은 남녀를 불문하고 화려한 직업보다는 혼자서 자기 일에 정진하는 성향이 있어 사색적이고 무엇인가 사회를 위한 뜻있는 일을 하려는 생각을 갖고 있습니다. 유명한 작가나 과학자를 보면 대개 눈이 작은 경향이 있는데 이는 아마도 〈그 방면〉에 소질이 없으니까 일찌감치 외로운 자기와의 투쟁에 몰두한 끝에 대성한 것이 아닌가 생각됩니다.

눈 사이가 넓은 여성은 유혹에 약하다

눈이 큰 사람에게는 악인이 없다고 합니다. 이러한 경향은 특히 여성에게 두드러지게 나타나고 있습니다.

눈이 큰 여성은 마음도 개방적이어서 앙큼하게 비밀을 감추지 못합니다. 남에게 알려지면 곤란한 정사(情事)까지도 어처구니없게 누설하는 수도 있다고 합니다. 또한 성격이 양성이라 〈그 방면〉에 있어서도 개방적인 데가 있어 눈이 작은 여성보다 유혹에 넘어가기 쉬운 체질이라 하겠습니다.

눈과 눈 사이의 거리(미간: 眉間)가 넓을수록 더욱 그러합니다.

대체로 눈과 눈 사이의 거리는 그 사이에 또 하나의 눈이 들어갈 만한 것이 성인의 표준입니다. 그러나 어렸을 때는 이 간격이 좁았다가 나이가 들어가면서 점점 넓어지는 것이 보통입니다. 그렇기 때문에 어릴 적부터 눈과 눈 사이가 넓은 아이는 조숙하여 하이틴 시절에 담임선생님에게 자주 불려 다닐 확률이 크다고 볼 수 있습니다.

이것은 앞의 코 부분에서 그림으로 설명했듯이 여성의 역인형법(逆人形法)이라는 것과 관련이 있습니다. 그 그림을 보면 여성의 미간은 다리 가랑이에 해당합니다.

상징적인 발상이기는 하나 이것이 넓게 벌어진 모양과 좁게 벌어진 모양의 차이는 미간의 거리차와 비례한다고 볼 수 있습니다.

고래의 중국 상법(中國相法)을 보면 '미간이 넓은 여자는 며느리로 들여오지 말라'는 구절이 있습니다. 이것은 아마도 그 타고난 체질 때문에 정조를 지키거나 남편이 죽은 뒤에 수절하기 어렵다는 생각에서 비롯되었을 것입니다.

예로 들기는 무엇합니다만 60년대 초 전세계 여성들에게 '재키 선풍'을 일으켰던 케네디 대통령의 부인도 미간이 몹시 넓은 편이었습니다.

한편 여성쪽에서 볼 때, 눈이 작은 남성보다 눈이 부리부리하게 큰 남성이 정력적이고 배짱도 있어 보입니다. 돈을 융통하는 재주도 좋고, 여성들에게 때맞추어 선물도 잊지 않는 타입입니다. 반면에 눈이 작은 남성은 이와 대조적인 성격이 많은 대신 내실을 추구하는 인생을 살아갑니다.

어떤 남성을 연인으로 삼고 남편감으로 정하느냐에 따라 여성의 일생은 확연히 달라질 수도 있는

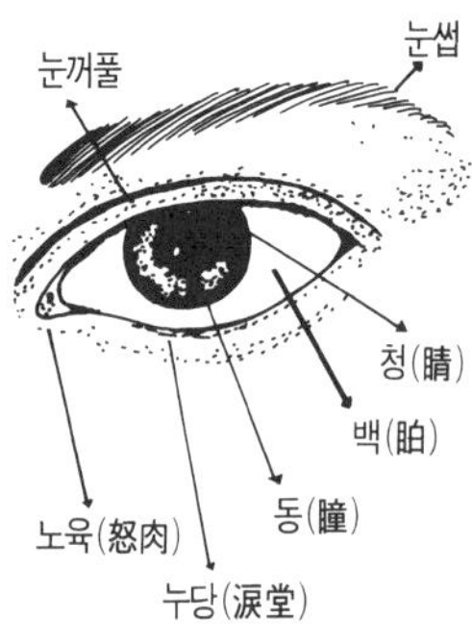

관상으로 본 눈의 구조

것입니다.

흰자위가 푸른 여성은 히스테리 증상이 있다

〈그림 28〉을 보아 주십시오.

사람들은 보통 눈알이 검은 동자와 흰자위로 구성되어 있는 줄 알고 있지만 자세히 살펴보면 눈은 검은색과 푸른색·흰색으로 되어 있습니다.

관상학에서는 눈동자의 한가운데 검게 보이는 부분을 동(瞳), 그 밖으로 푸르게 보이는 부분을 청(睛), 그리고 흰자위 부분을 백(目白)이라고 부릅니다. 그런데 흰자위는 자세히 보면 흰색이 아니라 본래 엷은 황색으로 보이는 것이 정상입니다. 이것만은 인종에 따른 차이가 없습니다.

푸른 눈의 서양사람들도 눈이 푸르게 보이는 것은 청 때문으로, 흰자위는 엷게 황색이 끼여 있는 법입니다.

이 흰자위가 먼지를 쓴 것처럼 부옇게 되거나 엷은 회색빛으로 탁해지고, 투둘투둘 작은 반점 같은 것이 나타날 때가 있습니다. 이것은 회사의 일이나 자기 사업, 또는 가정일로 걱정근심이 있는 징표입니다. 이때 대개 노육(怒肉: 눈머리에서 흰자위로 뻗어나온 삼각형 모양의 흰막)도 붉게 충혈되어 있는 수가 많은데 이런 때는 운세가 좋지 않아 아무리 발버둥을 쳐도 일이 잘 풀리지 않는다고 합니다. 그러므로 조용히 흰자위가 정상적인 엷은 황색으로 돌아오는 것을 기다려야 됩니다.

또 같은 엷은 황색이라도 흰자위에 붉은 기운이 감도는 것은 과색(過色)의 소산이라고 보는 게 좋습니다. 전에는 젊은 신랑이 그런 연유로 몸살기가 있어 한약방에 가면 배쌍화탕(倍雙和湯)을 지어 주고 푹 쉬라는 주의를 주었습니다.

반대로 흰자위에 푸른기가 도는 여성이 있습니다. 이런 현상은 본래 여성에게만 나타나는 것으로 생식기의 발육이 덜된 것을 나타냅니다.

어린아이들의 눈을 보면 대개 흰자위에 푸른기가 돌아 초롱초롱해 보입니다.

성장기에도 청순하고 병약하며 다감한 소녀일수록 흰자위가 새파랗습니다. 그러나 시집갈 나이가 되어도 흰자위에 푸른기가 짙은 것은 문제가 있습니다. 남성에게는 그녀의 눈이 호수처럼 깨끗하고 그윽하게 보여 호감을 느낄 수는 있지만 미성숙 상태라는 것을 염두해 두어야 합니다. 또 성년이 되어도 푸른기가 없어지지 않는 여성은 대개 히스테리 증세가 있다고 보아야 합니다. 어른인 척해 보아도 심신이 남성을 받아들일 만큼 성숙되지 않은 상태이므로 결혼생활이 원만할 수 없습니다. 올드미스의 히스테리와는 차원이 다른 얘기입니다.

눈동자로 건강을 진단할 수 있다

눈은 그 사람의 건강을 나타내는 창(窓)이기도

합니다. 특히 흰자위 부분이 언제나 탁한 빛을 내고 있는 경우에는 간장이 나쁘거나 정력이 부실하기 쉽다고 보는 것입니다.

이것은 실제로 현대의학에서도 입증되고 있는 증상들입니다. 태양광선 아래에서 눈을 들여다볼 때, 흰자위가 지나치게 노란색(황색)을 띠고 있는 것은 일단 황달로 의심해 보아야 합니다. 그리고 간장이 만성적으로 나쁠 때는 임포텐츠(Impotenz) 초기증상이 일어나는 경우도 적지 않기 때문입니다.

동공의 모양이나 크기를 보고도 건강을 짐작할 수 있습니다.

양쪽 눈의 동(瞳: 그림 28 참조)의 크기가 극단적으로 다르거나 동공이 둥근 모양을 하고 있지 않은 사람은 '단명의 상'으로 봅니다.

본래 건강한 사람의 동공은 양쪽의 크기가 같은 것입니다. 또 둥근 모양을 하고 있는 것이 보통인데, 그 크기가 극단적으로 다르거나 모양이 둥글지 않은 것은 신체에 심각한 병세가 있다고 보는 것입니다.

의학적으로 보면 동공은 교감신경이 흥분했을 때는 크게 열려지고 부교감신경이 흥분했을 때는 작게 줄어드는 것이라고 합니다. 그런데 이러한 신경작용이 양쪽 눈에 동시에 전달될 터인데도 서로 다른 결과로 나타난다는 것은 눈의 홍채(虹彩) 그 자체의 병이나, 중추신경 계통의 병으로 생각할 수 있다는 것입니다.

현대의학에서는 실제로 뇌척추매독 등이 진행성일 때나 뇌혈관의 장애 등이 일어날 때에도 이러한 동공이상현상이 일어난다고 하니 관상으로 운명을 보기 이전에 병원부터 찾는 것이 좋을 것 같습니다.

갈색눈을 가지면 성격이 박정하다

흰자위가 꼭 홍차 찌꺼기처럼 갈색으로 탁해져 있는 남성은 여자의 원한을 사고 있는 증거라고 합니다. 또 검은 동자가 갈색으로 보이는 사람도 있는데 원숭이의 눈이 그렇게 보입니다. 이것은 실상 검은 부분이 아니라 그 변두리의 푸른 부분에 갈색의 체크 무늬가 있을 때 그렇게 보이는 것입니다.

이런 남성은 대단히 잔인한 성격으로 남에게 절대로 베푸는 일도 없고, 남이 잘못 되는 것을 오히려 기뻐하는 타입입니다. 또한 모략에 능하고 이기적인 성격이라 자기에게 불리한 여성이라고 생각되면 결혼날짜를 받아 놓고도 해외로 도망쳐 버릴 수 있는 그런 인간입니다. 여행중에 만났다 헤어지는 '뜻하지 않은 사랑'의 상대로는 어울릴지 몰라도 장래를 믿고 맡길 만한 남성은 아닙니다.

그러나 자기 분야의 일만큼은 대단히 잘 해내기 때문에 윗사람에게는 유능하다는 평을 받기도 하는데 유능한 것과 인간성과는 관계가 없는 모양입니다.

원숭이처럼 갈색의 눈을 가진 사람이 이런 성격을 갖게 된다는 발상은 원숭이 같은 짐승은 먹을 것을 보면 자기 혼자 먹으려는 본능이 있기 때문입니다. 그리고 그것을 위해서는 밤낮없이 열심히 뛰어다니기 때문에 능력만은 평가받을 수 있는 것입니다.

흰자위와 푸른 자위의 윤곽이 분명치 않은 남성은 일생 별볼일이 없는 불운한 남성의 상이기 때문에 결혼 상대로는 생각해 볼 일입니다.

한편, 여성으로 갈색의 눈을 가진 사람은 태어날 때부터 '음부(淫婦)의 상'이라고 합니다. 인정미가 있는 것 같으면서도 근본은 박정한 여자입니다.

또 검은 동자나 푸른 자위나 색에 관계없이, 동공이 작은 사람은 의지가 강할 뿐더러 지조도 굳어서 돌다리도 두들기고 건넌다는 견실주의자(堅實主義者)입니다. 반대로 동공이 큰 사람은 감정적이라 계획성도 적고 인내력도 부족합니다.

입을 꽉 다물고 있으면 동공도 작아진다고 하는데 멍청하게 입을 벌리고 다니는 아이들을 보면 대개 동공이 크게 벌려져 있는 것을 볼 수 있습니다.

만일 의지가 굳은 인간으로 아이들을 키울 생각이라면 부모들은 아이들에게 어려서부터 입을 꽉 다물고 다니게 하는 습관을 붙여주셔야 할 것입니다.

흰자위가 많은 사람은 조심하라

삼백안(三白眼)이라는 눈이 있습니다.

보통 사람의 눈은 가운데 검은 동자가 있고 양쪽에 흰자위가 있습니다. 말하자면 양백안(兩白眼)입니다. 그런데 이 흰자위가 세 군데 나타나는 눈이 있습니다. 바로 그러한 눈을 삼백안이라 하는 것입니다.

보통 사람은 눈을 극도로 치켜뜨거나 내리깔 때 이런 모습이 되는데 평소에도 이런 눈을 가진 사람이 가끔 있습니다. 한마디로 〈요주의(要注意)〉 인물입니다.

〈그림 29〉는 눈동자가 위로 바싹 올라붙어 있는 눈으로, 하삼백(下三白)의 눈이라고 부릅니다. 보통 사람도 고개를 숙인 채 사람을 노려보게 되면 이런 눈이 됩니다.

이런 사람은 자신의 품위를 높이려는 야심도 강하고, 남에게 지기 싫어하는 성격이라 고집도 센 편입니다. 직장에서 어느 정도 출세를 하기도 합니다만 타고난 체질 때문에 윗사람과의 사이가 원만치 못해 오래가기 힘듭니다. 또한 처복과 자식복도 좋지 않으며, 중년에는 사업에 실패해서 패가를 하는 사람도 있습니다.

여성의 경우도 마찬가지라 남편복과 자식복이 모두 신통치 않고 히스테리 증상까지 있어 정신과 의사의 신세를 지기 쉽습니다.

같은 삼백안이라도 눈동자가 아래로 바싹 쏠려

〈그림 29〉

눈동자가 위로 바싹 올라붙어 있는 하삼백(下三白)의 눈이다

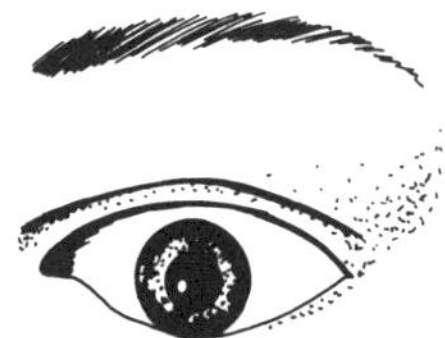

〈그림 30〉

성격이 음험하고 도벽이 있다는
범죄형의 뱀눈

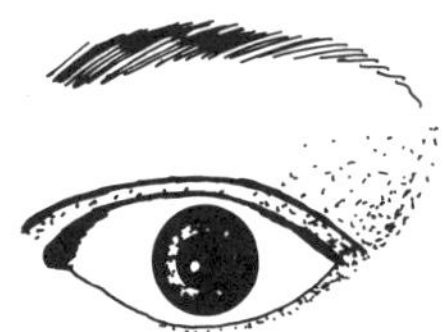

〈그림 31〉

눈동자가 작아 흰자위가
사방에 드러나는
사백안(四白眼)의 눈이다

있어 흰자위가 윗쪽에도 드러나는 사람이 있습니다. 이것을 상삼백(上三白)의 눈이라고 합니다.

〈그림 30〉을 보아 주십시오.

이런 눈은 〈뱀눈〉이라고도 불리는데, 성격이 음험하고 도벽이 있는 범죄형입니다. 예를들면 도둑고양이 눈이 그런 것을 볼 수 있습니다.

자기가 하고 있는 일이나 감정을 남에게 얘기하는 일이 없어 보통때는 얌전한 것처럼 보이지만 자기에게 이해관계가 생기면 홀연히 본색을 드러내고 어떤 못된 일도 서슴없이 해버리는 위험 인물입니다. 뿐만 아니라 집념이 강하며 선악의 판단에 의하지 않고 어디까지나 이해(利害)로 행동하는 인물입니다.

기업주가 사원을 뽑고자 할 때는 이런 눈을 각별히 유의해서 보는 것이 좋겠습니다.

여성이 이런 눈을 가진 경우, 의지가 박약해서 자기의 본심을 남에게 얘기하지 않기 때문에, 가정 불화의 원인이 되기도 하고 정신이 불안정한 상태인 경우가 많습니다.

또 눈동자가 안정되지 않고, 상하 좌우로 움직이는 사람이 있는데 이들도 도벽이 있다고 합니다. 도적의 눈을 보면 금방 알 수 있습니다.

〈그림 31〉을 보십시오.

이런 눈은 극히 드문 경우인데 눈동자가 극도로 작아 흰자위가 사방에 드러나는 사백안(四白眼)의 눈을 가진 사람이 있습니다.

우리 나라에도 유명한 여자 가수 가운데 이런

눈을 가진 사람이 있습니다. 이런 눈을 가진 여성은 일반적으로 골반이 좁아 난산할 우려가 있을 뿐 아니라 가슴의 질환(주로 폐결핵 같은)도 유의해야 된다고 합니다.

만약 이런 눈을 가진 남성이라면, 극악무도한 성격이라 주인을 죽이고도 눈하나 깜짝하지 않는 무서운 안상입니다. 또 남녀를 불문하고 이런 눈은 부부운이 좋지 않은데 혹시 배우자의 복이 있다면, 그 사람은 자기가 못된 병에 걸려 고생한다는 아주 아주 불행한 상입니다.

예로부터 '흰자위가 많은 사람은 조심하라'는 훈계가 있는데, 혹시 당신의 연인이 이런 눈을 가지고 있다면 결혼은 좀 더 신중하게 결정하는 것이 바람직하지 않나 생각됩니다.

쌍꺼풀이 떨어져 있는 여성은 '그늘 타입'

쌍꺼풀 눈이 있습니다. 위의 눈꺼풀이 이중으로 되어 있는 눈으로, 여성인 경우 눈매가 사랑스럽고 눈동자가 둥글게 보이기 때문에 미인의 조건처럼 되어 있습니다.

영화배우나 탤런트, 가수 등 연예인 가운데는 성형외과에 가서 쌍꺼풀 수술을 받은 사람이 많고, 근래에는 직장여성이나 가정부인에게도 유행처럼 번지고 있습니다.

그런데 잘 관찰해 보면, 쌍꺼풀 눈에도 두 종류가

〈그림 32〉

① 양지타입

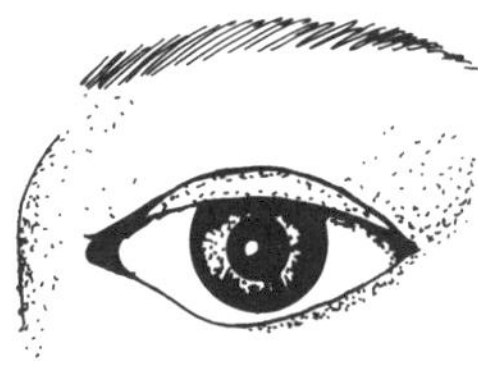

② 그늘타입

쌍꺼풀 눈의 두 종류

있습니다.

〈그림 32〉를 보아 주십시오.

①은 두 개의 눈꺼풀이 눈머리쪽(코쪽)에서 한데 합쳐진 모양이고 ②는 눈머리쪽에서 두 개의 눈꺼풀이 떨어져 있는 모양입니다.

상학에서는 '두 눈 가죽이 떨어져 있는 여자는 아내로 삼지 말라'는 대목에다가 ①을 '정처(正妻)의 눈(양지 타입)', ②를 '첩실(妾室)의 눈(그늘 타입)'으로 구별해서 보고 있습니다.

더 구체적으로 얘기하자면, 두 개의 눈꺼풀이 눈머리쪽에서 떨어져 있는 여성은 정조관념이 희박하고 통계적으로 전형적인 음부에 이런 쌍꺼풀이 많다고 합니다. 행실이 나쁘지 않더라도 실제로 보면 이런 쌍꺼풀을 가진 여성은 이상스럽게 남의 후처자리로 가거나 두 번 시집가는 경우를 허다하게 보게 됩니다. 그래서 그런지 눈꺼풀을 가지고 본댁과 작은댁의 구별이 생겨난 모양입니다. 그러나 오늘날에 있어서는 옛날처럼 첩살림을 하는 여성은 거의 없으므로 이런 쌍꺼풀을 가진 사람은 결혼을 여러번 하거나 남의 후처자리로 들어가는 확률이 높다고 보는 쪽이 옳겠습니다.

그렇게 보면 결혼과 이혼을 비교적 손쉽게 하는 서양사람들, 특히 헐리우드(Hollywood) 배우들의 쌍꺼풀에 이런 모양이 많이 있다고 볼 수 있습니다.

〈사진 44〉는 우리나라에도 50년대에 상영되었던 영화「젊은이의 양지(A place in the Sun)」의 주인

〈사진 **44**〉
영화 「젊은이의 양지」 주인공인
엘리자베스 테일러와
몽고메리 클리프트의 모습이다.
두 사람 다 쌍꺼풀의 눈머리쪽이
떨어져 있음을 알 수 있다

공들입니다. 왼쪽이 세기의 미녀 엘리자베스 테일러
(Elizabeth Taylor), 오른쪽이 몽고메리 클리프트
(Montogomery Clift)입니다.

두 사람 다 쌍꺼풀의 눈머리쪽이 떨어져 있는데
몽고메리 클리프트는 일찍 세상을 떠났지만 엘리자
베스 테일러는 벌써 다섯번째 결혼생활을 하고 있습
니다.

쌍꺼풀 수술은 팔자를 바꾸는 수도 있다

성형술이 발달된 오늘날에는 얼마든지 쌍꺼풀을
고치는 수도 있으므로 한마디로 단정하기는 어렵게
되었지만 한가지 문제점이 없는 것은 아닙니다.

우선 쌍꺼풀이 진다는 눈은 눈꺼풀이 부드러워

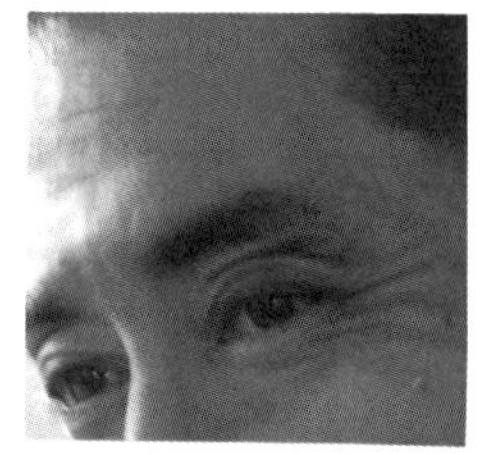

〈사진 45〉

눈꺼풀이 이중삼중으로
되어 있는 여난의 상이다

이중으로 접히기 좋다는 것을 뜻합니다. 따라서 쌍꺼풀이 지지 않는 사람은 눈두덩쪽에 살이 제법 있어 좀처럼 접히지 않는 체질을 갖고 있습니다. 그럼에도 불구하고 억지로 쌍꺼풀을 만들다 보면 쌍꺼풀이 지기는 했지만, 두 꺼풀이 한데 합쳐지지 못하는 경우가 발생합니다. 만든 쌍꺼풀은 아무리 화장을 잘해도 대개는 한눈에 알 수 있는 것도 바로 그런 때문입니다.

자 그렇다면, 쌍꺼풀을 만들다가 〈첩실의 눈〉을 만들어 버렸을 때, 그 여자의 운세는 어떻게 변할 것인가를 생각해 봅시다.

눈매가 다소 아름답지 않더라도 쌍꺼풀을 만들지 않았을 때는 제때에 제대로 시집을 가서 양지바른 생활을 할 수 있었을 터인데,『얼굴의 미학』을 몰랐던 탓에 그늘진 인생을 택할 것이 아닌가 생각됩니다.

실제로 우리 나라에서 잘 알려진 여성 가운데도 그 비슷한 경우를 여러번 보아 왔습니다. 여자가 아름다워지는 것도 여간 모험이 뒤따르는 것이 아니라는 생각이 듭니다.

남성 가운데 〈사진 45〉처럼 눈꺼풀이 이중삼중으로 되어 있는 사람은 '여난(女難)의 상'이라고 합니다. 여성들에게 너무 인기가 있어서 오히려 골치아픈 상입니다. 웃으면 눈꼬리에 주름이 많이 잡히는 사람도 상학에서는 바람끼가 많은 것으로 보고 있습니다. 또 서른 살도 되기 전에 눈꼬리에 잔주름이 무수히 잡히는 사람은 대체로 몸이 마른데다가 눈두덩이 불룩하지 않습니다. 어쩌면 과색(過色) 때문에 그렇게 되었는지도 모를 일입니다.

눈매가 아름다운 여성은 사랑싸움에 지기 쉽다

관상이란 어느 한가지만을 가지고 판단하지 않는다는 것은 이미 여러 차례 말씀드린 바 있습니다.

눈을 보는 경우에도 눈머리, 눈꼬리, 동(瞳), 청(睛), 백(眛), 누당(淚堂), 전택(田宅) 등 여러 가지를 종합 판단하는 것입니다. 그러나 상학의 기본만은 변하지 않는 것이므로 그 중요한 몇 가지를 알아볼까 합니다.

우선 눈 전체의 모양입니다. 〈그림 33〉을 보아 주십시오.

①은 눈머리의 아랫쪽 누당이 부풀어올라와 있는 타입입니다. 이런 눈은 성적 향락을 대단히 쫓는 안상으로 물장사 직업을 가진 여성에게 많은 것이 특징입니다. 이를테면 '다음(多淫)의 상'으로 남편이 성적으로나 금전적으로 충분히 만족을 주지 않으면 언젠가는 다른 남성에게 마음을 빼앗기는 그런 타입입니다.

②는 눈머리 근처의 위 눈꺼풀이 아래로 처져 있는 상입니다. 이런 눈은 남의 마음을 잘 꿰뚫어보는 안상으로 성격적으로는 언제나 냉정하고 타산적입니다.

〈그림 33〉

눈 모양의 다섯 종류

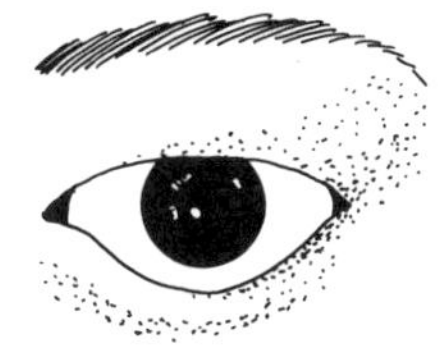

① 향락을 즐기는 눈

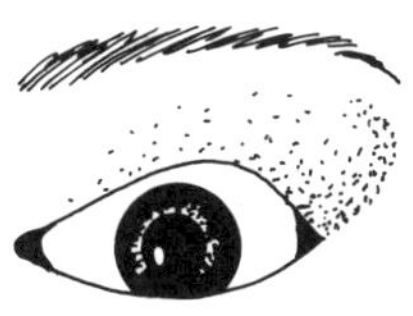

② 타산적인 눈

이런 눈의 남성은 사람의 심리를 읽는 데도 뛰어나 여자를 유혹하는 기술 또한 뛰어나서 한번 인연을 맺은 여성은 좀체로 잊지 못하게 만듭니다. 전형적인 제비족이나 색마(色魔) 타입이니 여성들은 특히 조심할 일입니다.

③은 눈꼬리쪽이 약간 위로 올라가 있는 모양입니다. 고집이 몹시 센 성격으로 자기가 생각한 일은 무엇이나 해내려고 하는 자신과 의욕이 있는 사람입니다. 몸도 튼튼하고 정력도 몹시 좋습니다. 이런 눈을 가진 여성은 섹스 면에도 〈화끈〉한데 나쁘게 풀리면 창녀형으로, 제멋대로 인생을 살아가는 버릇이 있습니다. 그러나 남성들에게는 언제나 사랑받으며 살게 되어 있고 물질적으로도 부자유스럽지 않은 운세를 갖고 있습니다. 유명한 여배우 지나 롤로부리지다가 이와 비슷한 눈을 갖고 있습니다.

④는 눈꼬리 근처의 눈꺼풀이 아래로 처져 있는 상입니다. 눈매가 아름답게 보이는 여성에게 많은 타입으로 이런 눈을 가진 사람은 성격이 명랑할 뿐더러 싫고 좋은 것을 분명히 가리는 사람이라 애매한 말이나 태도는 질색입니다.

연애를 할 때도 자기가 좋은 남자라면 이것저것 따지지 않고 쫓아갑니다만 분별력이 있어 어느 한계는 넘지 않으며, 여차직할 때는 단념도 빠릅니다. 사랑하는 남성에게 처자식이 있는 경우는 물론이지만 상대가 독신이라도 강력한 라이벌이 나타나면 스스로 손을 빼고 양보해 버리는 타입입니다. 그런 의미에서 비련의 주인공일 수도 있습니다.

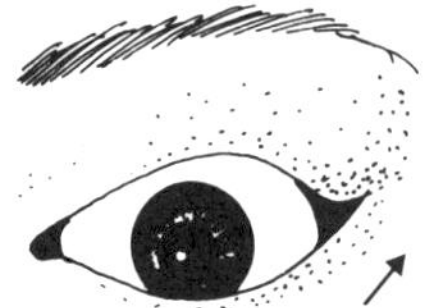

③ 고집이 센 눈

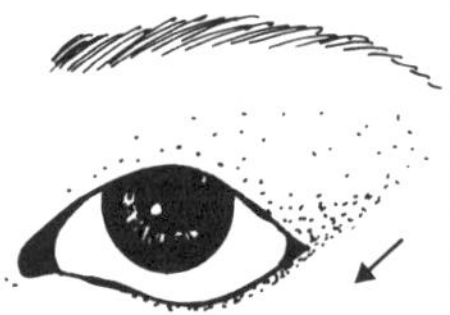

④ 밝은 성격의 눈

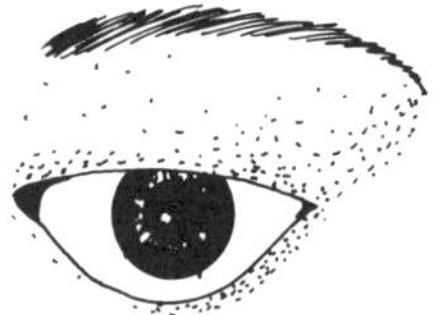

⑤ 기술자 타입의 눈

⑤와 같은 타입의 눈은 남녀를 불문하고 애교가 없으며 자기 자신을 속이지 않고, 좋고 나쁜 것을 느끼는 그대로 나타내는 성질이지만 심성은 깨끗한 사람입니다.

이런 남성은 목수나 미장이 같은 장인(匠人)이나 기술자 타입에 많은데, 돈 버는 재주는 비교적 없는 편입니다.

여성으로서는 별로 좋지 않은 상으로, 성적으로도 약하고 자식복이 없는데 설혹 자식이 있다 하더라도 걱정거리가 끊일 새 없어 아무래도 행복하지 못한 상입니다.

세모꼴 눈의 여성은 질투심이 강하다

눈이 세모꼴로 생긴 사람이 있습니다. 〈그림 34〉처럼 위의 눈꺼풀이 직선으로 뻗어 있고, 누당의 한가운데쯤이 뾰족한 사람을 말합니다.

반드시 역삼각형의 세모꼴 모양이며 정삼각형의 세모꼴 모양은 없습니다.

상학에서는 이런 눈을 각안(角眼)이라고 부르는데 이런 눈을 가진 남자는 대단히 말이 많고, 애기도 잘 꾸며내는 반면 성실한 맛이나 인정머리가 없는 것이 특징입니다. 여성인 경우는 생리때가 되면 이상심리가 되기 쉽고 때로는 미친 듯이 날뛰다가 남을 살해하는 수도 있다고 합니다.

옛날에는 이런 세모꼴의 눈을 가진 부인은 '성적

〈그림 34〉

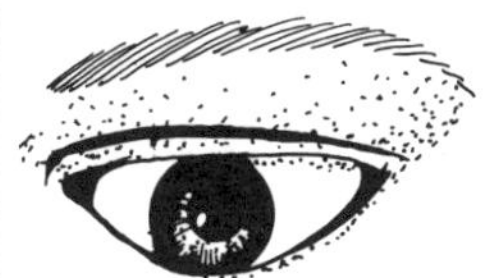

위의 눈꺼풀이 직선으로 뻗어 있고 누당의 한가운데쯤이 뾰족한 세모꼴의 눈으로 질투심이 많다

으로 이상해서 남편을 죽일지도 모른다'고 일컬어 왔습니다. 질투로 반미치광이가 되는 사람이 이런 눈의 여성에 많다고 하는데 아마도 성적으로 결함이 있는 것이 아니라 질투심이 너무 강하기 때문에 그런 결과를 가져오는지도 모릅니다.

본래 질투심이 극도로 강한 여성 중에서 의부증 (疑夫症)도 생기게 마련인데, 이때부터는 정신병의 영역으로 들어가니까 미리미리 정신과 의사를 만나 보는 것이 좋을 것 같습니다.

눈이 푹 패인 사람은 부모덕이 없다

눈이 푹 패인 사람이 있습니다. 백인들처럼 눈이 푹 들어간 남자는 어쩌면 여자들이 보기에 멋있어 보일는지 모르지만 동양사람의 얼굴로는 좋은 상이 아닙니다.

우선 부모의 덕이 없어 거의 절대로 부모의 유산 을 상속받거나 사업의 뒤를 잇지 못한다고 볼 수 있습니다.

이런 사람은 성질이 조급하고 신경질적인데다가 스케일도 작고 남을 믿지 못해 무슨 일이나 자기가 스스로 하지 않으면 직성이 풀리지 않습니다.

눈이 푹 패인 것처럼 보이는 것은 당연히 눈썹이 난 부분이 불룩 치솟아 눈과 눈썹 사이가 좁아지고 눈두덩에 살집이 없어서 그렇게 됩니다.

눈과 눈썹 사이는 전택궁(田宅宮)이라 해서, 이

부분은 논밭이나 집칸이 있고 없고를 보는 곳입니다.

요즈음은 부동산 투기 같은 것으로 힘 안들이고 아파트 한채쯤은 장만하기도 하는 세상이지만 옛날에는 논밭이나 집칸을 부모가 물려주지 않으면 장만하기 어려웠습니다. 그래서 전택궁이 넓고 두툼할수록 부모덕이 있는 것으로 보았던 모양입니다. 그런데 그 중요한 전택궁이 그렇게 좁고 살집도 없다면 부모덕이 없는 것은 뻔한 노릇입니다.

눈이 푹 패인 서양사람들은 부모가 큰 재산을 갖고 있더라도 자식들에게 잘 물려주지 않는 까닭도 거기에 있는 것 같습니다. 그러나 케네디 대통령의 경우를 보면, 이마는 좁지만 눈두덩이 몹시 불룩한 것을 볼 수 있습니다. 부모의 유산을 받을 만한 복이 거기 붙어 있는 것입니다. 실제로 그는 태어나자마자 많은 돈이 든 저금통장을 받았을 만큼 부모덕을 본 사람입니다.

대체로 덕이 있다, 복이 있다 하는 것은 남에게서 무엇인가를 받는다는 것을 뜻하나 그 주체는 어디까지나 받는 사람에게 있습니다. 즉, 자기 자신이 받을 복에 달려 있는 것입니다. 그것은 주고자 해도 받을 사람이 그릇을 준비하지 못하면 크게 받을 수 없는 이치와 같습니다.

잘살던 집안도 그 사람이 대학에 들어갈 즈음에 부모가 사업에 실패하거나 재산을 날려버려, 결국 유산을 받기는커녕 대학등록금도 마련하지 못해 진학의 꿈을 포기하는 경우를 우리는 얼마든지 보아

왔습니다. 그것은 다 받을 복이 없기 때문입니다.

눈두덩에 사마귀가 있으면 유산을 지탱하기 어렵다

눈이 푹 패이지는 않았으나 전택궁이 좁은 사람은 부모가 궁핍할 때 태어난 자식이라고 상학에서는 보고 있습니다. 남녀 가릴 것 없이 성질이 몹시 과격하고 남에게 지지 않으려는 타입입니다.

태교와 비슷한 이야기로 부모가 궁핍하다는 사정을 어린아이가 태어날 때부터 몸으로 느끼는 것입니다. 부모가 학비를 대기 어려운 상황이므로 공부를 잘해야 장학금을 받을 수 있다, 무엇이나 남보다 앞서야 살아남을 수 있다 하는 이런 자세가 몸에 배게 되어 자연히 공격적인 성격이 되고 남에게 지지 않으려는 오기가 생깁니다. 그러고 보면 세상은 다 형편에 따라 살아갈 수 있게 마련된 것인가 봅니다.

부동산의 운을 나타내는 전택궁이 넓더라도 여기에 흠이나 검은 점, 사마귀 따위가 있으면 그렇지 못한 것이라고 합니다. 그런 사람은 부모에게 유산을 물려받았다 하더라도 그것을 지탱하기 어려운 운세라는 것입니다.

약 20년 전에 천호동 근처의 호박밭 몇천 평을 유산으로 물려받은 청년이 있었습니다. 부모가 돌아가시기 전까지는 그 땅값이 그리 대단하지 않았지만

10여 년 전부터 그 일대가 개발되기 시작하자 그 호박밭은 금싸라기 땅으로 변했습니다.

주위의 유혹도 있고 해서, 이 청년은 그 호박밭을 팔아 수억 원의 현금을 손에 쥐고 종로에 회사를 하나 차렸습니다. 자가용을 굴리고 20여 명의 직원에게 〈사장님〉소리를 듣는 것은 기분좋은 일이었으나 아무 실력도 경륜도 없는 이 청년은 2년이 못 가서 회사의 문을 닫고 말았습니다.

꼭 그것 때문이라고 판단하기는 어려우나 이 청년의 눈두덩이에 커다란 사마귀 같은 것이 있었던 것으로 기억됩니다.

눈이 동그란 여성은 일찍 남편을 잃는다

눈이 좀 튀어나온 여성으로 눈 전체가 동그랗게 생긴 사람이 있습니다.

눈이 동그랗다는 것은 눈의 위아래의 폭이 넓은 것으로 보기에 둥근 느낌을 주나 이런 눈은 대개 눈알이 튀어나오는 모습을 하고 있습니다. 이런 눈의 여성은 청상과부가 될 상이라고 합니다.

그러나 그 남편이 매우 좋은 남편이었기 때문에 탈상을 한 뒤에도 죽은 남편을 잊을 수가 없어 좀처럼 재혼할 마음이 생기지 않습니다. 따라서 일생 과부로 지내게 되기 쉽다고 합니다.

남성으로 그런 모양의 눈을 가진 사람은 보통 직장이나 장사에는 맞지 않고, 예능관계 또는 기술

관계에 종사하는 편이 좋고 기술자가 되더라도 머리를 쓰기보다는 손재주가 있는 기능공적인 재능이 있다고 합니다.

또 성격적으로는 언제나 쾌활하고 고지식하며, 솔직하게 털어놓는 타입이나 변덕스러운 데가 있어 생각이 깊지 않고 성미가 급한 사람이 많습니다. 또 이런 사람 가운데는 큰소리를 탕탕치면서 당치도 않은 거짓말도 예사롭게 하는 사람도 많은데, 그것은 남을 속이기보다는 거짓말하는 것을 재미로 여기는 성격 때문입니다.

상학에 의하면 이런 사람은 '전혀 저축정신이 없으며 중년에는 재산을 들어먹는 상'이라고 하니 조심해야 할 상입니다.

눈꼬리가 올라간 여성은 남편을 깔고앉는다

눈꼬리가 올라갔는가, 내려갔는가에 따라서 성격이 크게 달라집니다. 눈꼬리가 올라간 것은 적극적인 성격으로 남성적이고 내려간 것은 소극적인 성격으로 여성적이라고 봅니다.

여자는 눈꼬리가 똑바르거나 조금 내려간 듯한 정도가 좋습니다. 눈꼬리가 올라간 여성은 남성적인 성격으로 자기 주장이 강해서 속되게 말하면 '남편을 궁둥이로 깔고앉아서도 예사롭게 여기는 엄처(嚴妻)의 타입'입니다. 그러나 눈꼬리가 올라간 사람은 대체로 운세는 좋은 편이라 웬만큼 적이 생겨도 잘 버텨 나갑니다.

눈꼬리가 내려간 것은 남녀를 불문하고 수동적 소극적인 성격의 표현인데, 지나치게 눈꼬리가 내려 가면 행동이 느리고 몸가짐도 야무지지를 못합니다.

또 두 눈의 크기가 확실히 다른 사람이 있습니다. 이른바 〈짝짝이 눈〉이라고 하는데 이런 사람은 고집이 세고 자기 뜻을 좀체로 굽히지 않는 성격입니다. 그러나 이상스럽게 여성에게만은 약합니다. 공처가 타입이 아니라 여성에게는 후한 것입니다.

두 눈의 크기가 극단적으로 차이가 나는 사람은 부부사이가 좋지 않을 때 태어난 아이라고 합니다. 성격이 맞지 않거나 그 밖의 이유로 어느 쪽인가 애정이 식어진 상태에서 타성적인 부부관계가 계속 된 끝에 임신한 경우입니다.

누당(淚堂)이 불룩하면 음덕(陰德)을 쌓는다

눈 아래에 있는 반달 모양의 부분을 누당이라고 부르는데 이 누당이 불룩하게 부푼 사람이 있습니다.

대부분의 사람은 이 언저리가 어느 정도 부풀어 있으나 유난히 눈에 뜨이게 불룩한 사람은 정력이 강한 징표입니다.

사회적으로 활약을 많이 하는 정력적인 사람들은 누당에 살집이 많이 있는 것을 볼 수 있습니다.

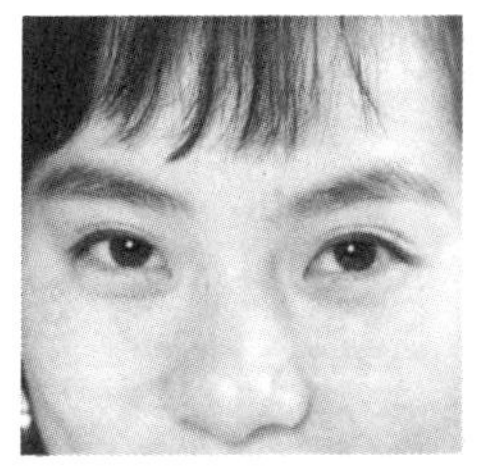

〈사진 46〉
눈에 띄게 누당이 불룩한 여성은
본능적인 욕구도 남달리 강하다

특히 눈에 띄게 누당이 불룩한 여성은 본능적인 욕구도 남달리 강하다고 합니다.(사진 46 참조)

이와 반대로 누당에 살집이 전혀 없는 사람도 있습니다. 본능적인 욕구도 그만치 약해서 몇 달씩 아무 생각없이 지낼 수 있는 사람입니다.

이런 경우는 결혼에 실패한 여성에게 많은 안상으로 남편운이 좋지 않은 것입니다.

어떻게 보면 몹시 합리적인 하느님의 섭리인지도 모릅니다. 남편이 없는 부인에게 정력만 왕성하다면 그것도 참 못할 노릇이 아니겠습니까? 그러니까 남편운이 좋지 않은 대신, 정력도 감퇴시켜서 절제를 하며 살아갈 수 있도록 생리적으로 조정이 되어 있는 것입니다.

누당은 이처럼 정력과 깊은 관계가 있어 나이가 들어 정력이 감퇴하게 되면 남녀 가릴 것 없이 누당은 아래로 축 처지게 마련입니다. 그러나 별로 늙지도 않았는데, 누당이 축 늘어져 있는 사람은 정력이 푹 떨어진 증거입니다.

누당은 상학에서 음덕부(陰德部)라고도 해서, 이 부분의 살집이 불룩하게 부풀어 있고 살색도 좋은 사람은 남몰래 자선사업도 하여 음덕을 많이 쌓는다고 봅니다. 그런데 허욕에 눈이 어둡고 색정에 빠져 버리면 누당이 비록 불룩하더라도 점차 피부에 윤기가 없어지고 피부색깔도 검어지기 시작합니다. 섹스가 과도한 사람은 남녀 할것없이 대개 누당이 거무죽죽하게 되는 것도 이런 까닭입니다.

누당에 살집이 없는 사람으로 젊어서부터 눈아래

전체가 원형으로 불룩하게 솟아오른 여성을 볼 수 있습니다.

원래 이런 눈을 가진 여성은 결혼생활에 들어가면 대단히 쓸쓸하게 지낼 운명이라 남편의 사랑을 받지 못하고, 자식들이 점차 자라남에 따라 모자지간의 정도 엷어져 서로 떨어져 살기 쉽습니다.

옛날부터 우리 나라에는 '서방(남편)복이 없으면 자식복도 없다'는 말이 있는데 이 경우를 보면 참으로 실감나는 말입니다.

눈 아래 점이 있으면 자녀 때문에 근심이 있다

상학이라는 것은 그 근본적인 발상이 있는 것이나 한편으로는 오랫동안에 걸쳐 얼굴의 여러 부위와 그 사람의 운세와의 상관관계를 통계적으로 조사해서 얻어낸 결론들입니다. 물론 오늘날처럼 컴퓨터에 의한 과학적인 데이터를 내서 증명한 것은 아니지만 경험에 의하면 75% 정도의 높은 확률은 있는 것 같습니다.

그런 것 중의 하나가 여성의 눈과 유방·생식기관과의 상관관계입니다.

눈과 눈 사이가 넓은 여성은 유방과 유방 사이도 넓다고 하는데 그런 이유로 여성의 생식기관이 고장을 일으키면 젖이 잘 나오지 않고 눈도 나빠지는 모양입니다. 그만큼 눈은 생식기관에 중대한 관련을 갖는 곳입니다. 그래서 눈 아래 점이 있는 여성은 유방에도 점이 있다고 합니다.

일설에는 눈 아래에 있는 점은 자녀 때문에 고생하는 상이라고 하니까, 젖꼭지 근처에 점이 있는 여성은 자녀를 기르는데 각별히 정성을 기울여야 할 것입니다.

옛날 노인들이 누당을 〈눈물받이〉라고 부르는 이유를 알 것 같습니다.

눈 아래 점이 있는 경우는 남성에게도 해당하는 것으로 가령 왼쪽 눈 아래 점이 있으면 아들 때문에 오른쪽 눈 아래 점이 있으면 딸 때문에 근심거리가 생긴다고 합니다.

〈그림 35〉를 보아 주십시오.

점의 위치는 눈머리쪽을 맏아들이나 맏딸, 눈꼬리쪽을 막내아들이나 막내딸로 봅니다.

어느 집안이나 겉으로는 멀쩡하더라도 자식들 때문에 속을 썩는 부모들이 의외로 많은 것입니다.

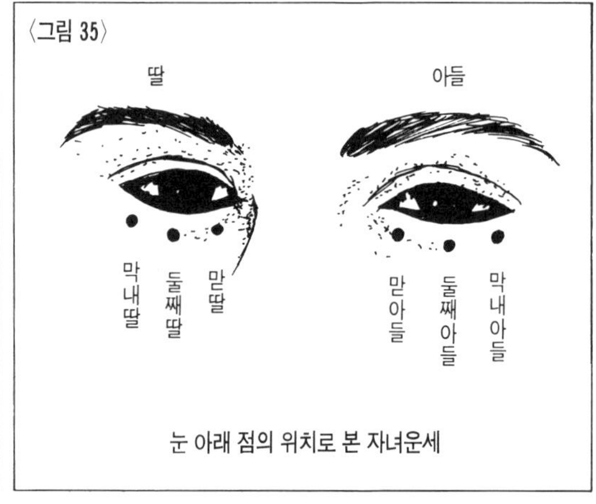

눈 아래 점의 위치로 본 자녀운세

눈꼬리에 점이 있는 여성은 연하의 남성을 사랑한다

상학에는 음상학(淫相學)이라는 좀 특수 분야(?)가 있어 남녀간의 성적 본능을 판단하고 있습니다. 믿고 안 믿고는 읽는 사람의 자유입니다만, 그 중에 일반적인 것 몇 가지만 소개해 볼까 합니다.

색정상법(色情相法)에 의하면 코의 맨 윗부분(산근)에서 눈머리사이에 점이 있는 여성은 정조를 지키기 어려운 상이라고 합니다. 남편과 사별한 뒤가 아니라 결혼생활중에 간통을 하는 수가 있다는 것입니다. 이것은 빈부귀천의 차이를 떠나 운명적으로 그렇게 되어 있다고 하는데 아무튼 이러한 점은 여성의 왼쪽 눈머리에 있건, 오른쪽 눈머리에 있건 마찬가지입니다. 다만, 오른쪽 눈머리에 점이 있는 경우는 자발적인 데가 있고 왼쪽 눈머리에 있는 사람은 수동적이라는 것이 다를 뿐입니다.

또 이런 점이 남성에게 있는 경우도 비슷한 운명으로 유부녀와의 정사 때문에 간혹 주간지 신세를 지는 수가 있습니다.

같은 점이라도 눈꼬리쪽에 있는 사람은 호색가로 특히 오른쪽 눈꼬리쪽에 그런 점이 있는 사람은 〈두집 살림〉을 하는 경우가 있는 모양입니다. 오늘날 미련하게 〈두집 살림〉까지 하는 남성이 얼마나 되랴만 이러한 경우에 상대 여성이 그러기를 원해서 그렇게 된다는 특징이 있습니다.

여성의 경우 오른쪽 눈꼬리에 점이 있으면 혼기가

되는 대로 연애결혼을 하게 되는데, 이 결혼이 또 대부분 실패할 운세를 갖고 있습니다.

또 이런 점이 눈꼬리에서 관자놀이쪽 근처로 치우침에 따라 연하의 남성을 사랑한다고 합니다. 이때 점이 좌우 어느쪽에 있어도 마찬가지입니다. 또 눈썹 근처에 점이 있는 여성도 숨겨둔 남자를 갖게 된다는 설이 있습니다.

속눈썹이 많은 여성은 손재주가 좋다

근시(近視)의 여성 가운데 불감증의 경우가 많다는 설이 있습니다. 근시가 되는 것은 선천적일 수도 있고 후천적일 수도 있는데 어쨌든 근시인 사람은 사물을 볼 때, 자연히 눈에 힘이 들어가기 마련입니다. 이는 신경을 집중하기 때문인데 그만큼 성감대에 신경의 배분이 소홀해지게 되고 성감이 희박해진다는 논리입니다.

속눈썹이 검고 긴 여성은 대단히 매력적이나 눈의 흰자위가 푸른빛을 내는 여성처럼 선병질(線病質)로 태어날 때부터 몸이 약한 편입니다. 풋과일처럼 신체조건이 아직 덜 성숙한 단계인데 정신적으로는 오히려 늙은이 뺨칠 정도로 성숙해 있는 것이 보통이라고 합니다.

또 속눈썹이 거의 없는 사람은 재기(才氣)는 있으나 성격이 교활합니다.

특히 속눈썹이 없는 여성은 자녀에게 열성유전을

하기 때문에 불구자나 기형아를 낳는 확률이 크다는 설도 있습니다. 그러나 속눈썹이 많은 사람은 손재주가 있어서 자수, 꽃꽂이, 피아니스트 등 손을 써서 이름을 떨치는 여성이 많은 것 같습니다.

눈이 안정되지 않고, 부지런히 움직이는 사람은 정신적으로 안정되지 못한 징조입니다. 집안이 어수선하다든지 상당한 나이가 되어서도 아내가 없는 사람에게서 흔히 볼 수 있는 현상입니다.

또 눈을 깜빡거리는 사람도 마음이 안정되지 않고 매사에 끈기가 없는 사람입니다. 생각은 굴뚝 같은데 뜻대로 일이 잘 되지 않아 초조할 때도 그런 현상이 나타납니다. 그러나 일이 잘 풀리게 되면 그런 현상이 없어지는 것도 재미있는 일입니다.

눈을 깜빡거리는 사람을 왜 안정되지 못한 것으로 보는가?

사람이 어떤 물체를 자세히 관찰한다는 것은 상당한 정신력을 필요로 합니다. 정신력이 강하고 정신적으로 안정된 사람은 눈을 깜빡거리지 않고 사물을 응시할 수 있습니다. 그러나 끈기가 없고 조급한 성격을 가진 사람은 마음이 안정되지 못해서 눈을 깜빡거리게 됩니다.

눈썹에 대하여
눈썹은 형제와 자손운을 본다

눈썹이 엷은 사람은 육친(肉親)의 덕이 적다
눈썹이 눈보다 짧으면 부부운이 좋지 않다
눈썹에 작은 점이 있으면 총명하고 콧대가 높다
노인이 되어도 눈썹이 검으면 후계자가 없다
눈썹 두덩이 높은 사람은 자존심이 강하다
눈두덩이 두텁고 팽팽하면 정력적이다
채(彩)가 있는 남성을 남편으로 택하라
눈썹의 꼬리가 올라가면 성격이 과격하다

눈썹

눈썹은 형제와 자손운을 본다

눈썹이 엷은 사람은 육친(肉親)의 덕이 적다

〈사진 47〉은 히말라야에서 중국 대륙의 서쪽에 걸쳐 분포되어 살고 있는 유명한 팬더(Panda)곰의 모습입니다. 귀엽기는 하나 눈썹이 없는 것을 알 수 있습니다.

우리가 집에서 기르는 개나 고양이도 마찬가지로 눈썹이 없습니다. 미개인이나 야만족들도 거의 눈썹이 없다고 합니다. 눈썹이 뚜렷한 것은 문명한 사람의 특징인 것입니다.

서양사람들은 눈썹을 가지고 운명을 판단하는 일이 거의 없지만 동양에서는 상학의 중요한 포인트로 보고 있습니다.

눈썹으로는 무엇을 보는가?

상학에서는 눈썹을 형제궁(兄弟宮)이라고 불러 자기 형제나 자손, 친족과의 관계를 봅니다. 이것은

〈사진 47〉
팬더(PANDA)곰의 모습인데 눈썹이 없는 것을 볼 수 있다.

〈사진 48〉
나카소네 전 일본수상.
눈썹이 좌우의 균형이 잡히고
깨끗하게 나 있다

피부가 변해서 손톱이 되듯 털은 자기의 피가 변해서 나온 것이란 발상 때문입니다. 따라서 눈썹이 엷은 사람은 형제나 친척의 덕이 없고, 눈썹의 길이가 눈보다 짧은 사람은 자손도 적어 자식복도 적다고 합니다. 지금은 가족계획 시대라 자녀가 한두 명밖에 없는 것이 상식이지만 예전에는 무조건 자식이 많아야 자식복이 있다고 보았던 것입니다.

눈썹은 또 수명의 길고 짧음과 재운(財運), 정력의 강약, 지능 정도 등 여러 가지를 봅니다.

그럼 한마디로 어떻게 생긴 눈썹을 길상(吉相)이라고 여기는가?

〈사진 48〉은 나카소네 전 일본수상이고 〈사진 49〉는 동남아의 억만장자 리엠 소이 리용(Liem Sioe Liong)의 모습입니다. 리용은 홍콩·네덜란드·미국 등지의 무역회사와 금융업체를 갖고 있으며 특히 인도네시아에서는 은행을 비롯하여 철강, 시멘트 등 무수한 업체를 소유하고 있는 억만장자입니다. 이들 모두 상학에서 길상으로 여기는 눈썹을 갖고 있습니다.

눈썹은 너무 시커멓게 보여도 좋지 않으며 너무 엷게 보여도 좋지 않다고 합니다. 〈사진 48〉처럼 좌우의 균형이 잡히고 깨끗하게 나 있어야 좋은 눈썹이라고 합니다. 이런 눈썹을 갖고 있으면 일을 해도 성공할 확률이 높고, 형제간의 우애도 깊으며 자식복도 좋다는 것입니다.

여성들은 대개 필요없는 부분의 털을 뽑아버리고 마음대로 눈썹을 그리기 때문에 태어난 눈썹의 원모

습을 알아보기 어려우나 이왕 눈썹을 그릴 바에야
자기 취향도 좋지만, 운세가 좋은 눈썹을 그려보는
것도 도움이 될 듯합니다.

눈썹이 눈보다 짧으면 부부운이 좋지 않다

눈썹이 지나치게 짧은 여성은 부부운이 좋지 않다
고 합니다. 눈썹의 길이는 눈보다 길면 긴 눈썹,
짧으면 짧은 눈썹이라 하는데 다소 긴 것이 보통이
고, 길 뿐만 아니라 털이 가지런하고 윤기가 있는
것이 좋은 상입니다.

이것은 남성도 마찬가지입니다. 눈썹이 짧은 남성
은 아내를 울리는 상으로 바람기가 아니더라도 지나
치게 술을 마시고 방탕하거나 생활고로 말미암거
나, 어떠한 이유로든 물질적·정신적으로 아내를
울리는 것은 다를 바가 없습니다.

눈썹이 짧을 뿐만 아니라 눈썹의 꼬리 부분이
상당히 아래로 처진 남성은 생활이 안정되지 않고
좀 나아졌다 싶으면 어느새 다시 쪼들리기 시작하는
운세를 갖고 있다고 합니다. 그러나 사람 자체는
나쁜 데가 없고, 남의 뒷바라지도 잘하며 동정심도
많은 좋은 사람입니다.

눈썹의 모양이 여덟 팔(八)자처럼 생긴 사람이
있습니다. 눈썹의 꼬리 부분이 극단적으로 처진
상을 말합니다. 이런 눈썹을 상학에서는 '이미(二
尾)의 상'이라고 해서 처연(妻緣)이 한번으로 끝나지

〈사진 49〉
동남아의 억만장자
리엠 소이 리용

눈썹의 털이 서로 엇갈려 나있는
불운의 상이다

않는 상으로 보는 것이 보통입니다. 더욱이 눈꼬리까지 함께 처져 있는 사람은 '사미(四尾)의 상'이라고 해서 처연이 훨씬 복잡하다고 합니다. 호적상의 의미가 아니라 여자를 자주 바꾼다는 것입니다.

여덟 팔(八)자 눈썹의 남성이 어째서 자꾸 여성 편력을 하게 되는가? 그 원인은 이런 남성은 대체로 〈남성 자신〉이 지나치게 장대(長大)하기 때문에 상대가 계속 몸을 지탱하기 어렵다는 것입니다. 따라서 하는 수 없이 릴리프(relief)가 필요하게 되어 여자관계가 복잡해질 수밖에 없다고 보는 것입니다.

눈썹에 작은 점이 있으면 총명하고 콧대가 높다

눈썹의 털이 한쪽 방향으로 가지런하지 않고 〈그림 36〉처럼 서로 엇갈려 나 있는 사람은 직업이 잘 안정되지 않아 집안이 늘 편안하지 않다는 상입니다. 상서에 의하면 중년에 한번쯤은 불운의 쓰라림을 맛볼지도 모른다고 합니다.

또 평소에는 가지런하던 눈썹이 어느날 갑자기 그런 모양이 될 때는 무언가 좋지 않은 재난이 찾아올 조짐이라고 하니 유의하는 편이 좋습니다.

〈그림 37〉처럼 눈썹 안에 흠집이 없는데도 눈썹이 한가운데서 갈라진 것 같은 모양을 하고 있는 사람이 있습니다. 이런 사람은 육친이나 친척과

왕래를 잘 하지 않는 상으로 봅니다. 보통때는 그렇지 않던 사람도 육친과 사별하거나 생이별을 할 때는 대개 눈썹 한가운데가 갈라지는 모양을 나타낸다고 합니다. 또 눈썹에 크게 갈라진 자국이 있는 사람은 대개 형제와 사별한 상태이며, 왼쪽 눈썹인 경우는 형이나 아우, 오른쪽 눈썹인 경우는 누이나 누이동생과 사별한 것으로 봅니다.

눈썹 안에 검은 점이 있는 사람은 총명한 상이라고 합니다. 그러나 그 점은 보일 듯 말 듯한 것이 좋은 것이지 커다랗게 눈에 뜨이는 것은 그렇게 보지를 않습니다. 작더라도 손으로 만져 보아서 알 만큼 불룩한 점도 마찬가지입니다.

눈썹에 점이 있는 사람은 대체로 콧대가 높고 체면을 중히 여긴다고 합니다. 그리고 이상하게 손목이나 팔뚝에도 비슷한 크기의 점이 있는데 오른쪽 눈썹에 점이 있는 사람은 대체로 오른손에 점이 있는 것입니다. 이것은 이상하게 일치하는 사람이 많은 것 같습니다.

그런데 눈썹에 점이 있다 하더라도 눈썹 꼬리쪽에 점이 있거나 흠이 있으면 한번쯤 사업에 실패하는 수가 있다니 조심해야 합니다. 이것은 너무 적극적으로 사업을 벌이기 때문에 그렇게 된다는 것인데 예가 합당할지 모르겠지만 우리 나라에서 성행하는 〈고스톱〉의 경우, 패가 좋더라도 한 번쯤 〈고〉를 하면 괜찮을 것을 내친 김에 두 번 세 번씩 〈고〉를 부르다가 바가지를 쓰는 이치와 비슷한 것 같습니다

〈그림 37〉

눈썹 한가운데가 갈라진 것 같은 모양으로 친척과 왕래가 없다

노인이 되어도 눈썹이 검으면 후계자가 없다

붓글씨로 한 일(一)자를 쓰게 되면 보통 오른쪽 끝이 느긋하게 내려옵니다. 이처럼 눈썹의 끄트머리도 한 일자처럼 느긋하게 내려와 안정감을 갖고 있는 사람은 '장수(長壽)의 상'이라고 합니다.

또 눈썹이 두텁고 느긋하게 뻗어 있는 사람은 장남의 상으로, 가령 위에 형들이 있다 하더라도 부모의 가업을 잇게 된다고 봅니다. 재벌 그룹의 둘째나 셋째아들이 회장 자리를 이어받는 경우도 이런 이유 때문이라고 합니다.

눈썹의 모양은 두텁고 느긋하게 뻗어 있어야 운세도 강합니다. 그러나 눈썹이 가늘거나 매우 엷은 사람은 부모와 친척의 덕이 없을 뿐 아니라 두령운도 갖고 있지 않다고 보는 것입니다.

눈썹의 길이가 눈의 길이보다 짧은데다가 눈썹이 눈두덩을 덮고 있는 것 같은 느낌을 주는 사람은 재운(財運)이 희박한 것으로 봅니다.

눈썹이 엷은 것도 좋지 않지만 눈썹의 털이 너무 굵거나 숱이 많아 울창한 숲처럼 시꺼멓게 보이는 사람, 즉 눈썹의 속살이 전혀 보이지 않는 사람도 좋지 않는 상으로 봅니다.

사람이란 나이가 들어가면 머리가 희어지는 것과 마찬가지로 머리카락이나 눈썹도 많이 빠져서 엷어지는 것이 보통입니다. 아무리 검은 눈썹도 엷어지면 갈색처럼 빛이 연하게 보입니다. 그런데 노인이 되어서도 언제나 눈썹이 시커먼 사람은 생활이 유복

해도 심신이 고단한 운세를 면하지 못하는 것으로 봅니다. 그리하여 웬만큼 사업이 궤도에 올라 있어도 마땅한 후계자가 없어 자기 자신이 끝까지 일선에서 일을 처리해야 되기 때문에 심신이 편할 날이 없는 것입니다.

필자가 잘 아는 분 가운데 일찍이 자수성가해서 제법 커다란 규모의 사업체를 이룬 노인이 있었는데 그분이 이런 타입이었습니다.

집에 돌아와서도 회사 일이 마음에 걸려 숙직자에게 직접 전화를 걸어 '공장 조업은 언제 끝났느냐'에서부터 불조심, 문단속에 이르기까지 별의별 일들을 직접 체크하고 지시하지 않으면 직성이 풀리지 않는 것입니다. 그분은 남의 결점이 너무 눈에 띄기 때문에 자기 자신이 아니면 믿을 수가 없었습니다. 60이 가까운 장남에게 전무 월급을 주고 있었지만 위태스러워서 회사 일을 전적으로 맡기지도 않고 아무 권한도 주지 않아 허수아비나 다를 바가 없었습니다. 그러다가 그분이 세상을 떠나자 그 기업은 하루아침에 흔들리기 시작했습니다. 후계자 양성을 해놓지 않았기 때문에 조직을 이끌어갈 만한 인재가 없었던 것입니다. 결국 그 회사는 2년이 못 가서 거액의 부도를 내고 넘어가고 말았습니다.

눈썹 두덩이 높은 사람은 자존심이 강하다

눈썹이 난 부분의 살(또는 뼈)이 불룩하게 치솟아

있는 사람이 있습니다.

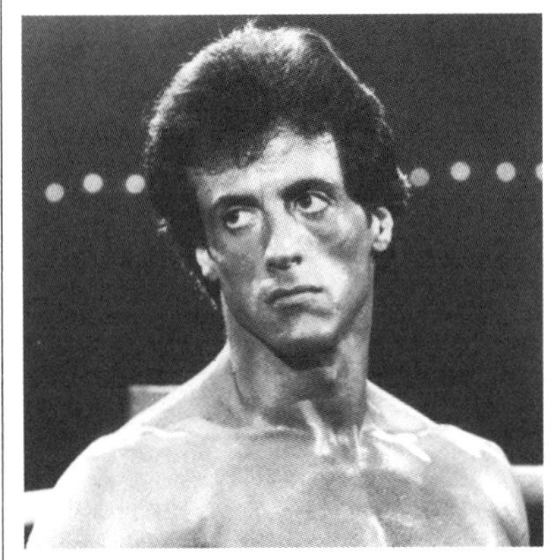

눈썹 두덩(眉丘)이 높은 것은 대체로 남성에게 많은 상입니다. 그러나 외국 사람들은 여성들도 눈썹 두덩이 높이 치솟은 사람이 많이 있습니다. 이것은 대단한 노력형, '열혈한(熱血漢)의 상'으로 앞으로 나갈 줄은 알아도 뒤로 후퇴할 줄은 모르는 기질을 갖고 있으며 분석적인 관찰능력이 뛰어나며 직감력도 발달되어 있습니다.

영화 「록키」와 「람보」 시리즈로 유명한 실버스타 스탤론(Sylvester Stallone)이 그처럼 통쾌한 액션 스타로 뽑힌 것은 관상학적으로 일리가 있지 않나 생각됩니다.(사진 50 참조)

중국의 상법에 의하면 '눈썹 두덩이 높으면 대귀(大貴)의 상'이라고 하는데 남녀를 불문하고 눈썹 두덩이 높은 사람은 자존심이 강하게 태어난 사람으로 행동적입니다. 다만 이런 사람은 성품이 과격한 나머지 때때로 일을 그르치기 쉬운 결점이 있다고 합니다. 반대로 눈썹 두덩이 낮은 사람은 남녀를 불문하고 정신적, 철학적인 성격의 소유자로 행동하기보다는 사색에 빠지기 쉬우며 대체로 동양사람들에게 이런 타입이 많다고 합니다.

여성으로 눈썹 두덩이 높은 사람은 자기 생각대로만 일을 하려 하기 때문에 나이가 들면 부부 사이가 원만하지 못할 공산도 있다는 것입니다.

눈두덩이 두텁고 팽팽하면 정력적이다

여성의 요염한 모양을 〈미태(媚態)〉라고 하는데 이때 미(媚)는 계집 녀(女)변에 눈썹 미(眉)자입니다.

성형문자를 개발한 중국 사람들은 참으로 여성을 기막히게 관찰한 민족인 것 같습니다. 여성의 눈썹은 미태 그 자체이므로 그 눈썹의 언저리는 모두 정력과 관련이 있는 것으로 풀이합니다.

눈썹의 바로 아래에 위치한 눈두덩도 정력과 깊은 관련이 있는 것으로 보는데 정력이 좋은 젊은 시절에는 팽팽해서 넓게 보이던 눈두덩이 정력이 떨어지거나 늙기 시작하면 푹 꺼져 들어가는 것입니다. 나이가 환갑이 넘어도 팽팽하고 부은 것같이 보이는 사람은 정력이 몹시 절륜하다고 봅니다.

여성의 경우도 마찬가지입니다. 그러나 정력을 너무 지나치게 쓰게 되면 눈두덩의 살집이 적어집니

〈사진 51〉

미국의 유명한 영화배우
부룩 실즈의 아름다운 모습이다

〈사진 52〉

부룩 실즈의 옆모습을
클로즈업한 것인데 눈과
눈썹 사이가 매우 좁은 것을
알 수 있다

다.

　이와 반대로 눈두덩의 살집이 언제나 없는 것처럼 엷은 사람이 있습니다. 이는 눈매가 시원하기는 하나 상학에서는 이런 눈매를 가진 사람은 운세가 힘차지 못한 것으로 보고 있습니다. 여성이라면 미인박명(美人薄命)의 상인 것입니다. 체질도 약할 뿐더러 중년을 지나면 불행이 겹칠지도 모른다고 합니다. 왜냐하면 눈두덩은 눈 위에 있기 때문에 윗사람과의 관계를 나타내는 것으로 보는데 여기의 살집이 얇은 것은 윗사람의 은덕이 적고 타고난 체질도 튼튼하지 못하다고 보는 것입니다.

　또 눈과 눈썹 사이가 좁아 살집이 얇은 사람은 처음부터 재산운이 좋지 않은 것으로 봅니다.

　〈사진 51〉을 보아주십시오. 유명한 미국 여배우 부룩 실즈(Brooke Shields)의 아름다운 얼굴입니다.

　〈사진 52〉는 부룩 실즈의 모습을 얼굴 중심으로 찍은 사진인데 부룩 실즈의 눈두덩을 세밀하게 살펴 볼 것 같으면 눈과 눈썹 사이가 몹시 좁은 것을 알 수 있습니다. 이런 경우도 본래 부모에게서 물려 받을 재운은 별로 없는 것으로 봅니다. 하지만 눈두덩의 살집이 아주 없는 편은 아니며 눈썹의 길이도 제법 길기 때문에 형제복이나 자식복은 괜찮은 편이라고 볼 수 있습니다.

채(彩)가 있는 남성을 남편으로 택하라

양쪽 눈썹의 높이가 서로 다른 이복형제가 있는 눈썹이다.

눈썹 가운데 한두 가닥이 유난히 길게 뻗어나온 사람이 있습니다. 이것은 대단히 좋은 상으로 그 눈썹이 굵고 광택이 있어 번쩍이는 것은 본인뿐만 아니라 집안에도 뛰어나게 성공하는 인물이 나온다는 아주 좋은 상입니다.

상학에서는 이것을 〈채(彩)〉라고 부르는데 공자(孔子)는 이 〈채〉가 셋이나 있었다고 합니다.

지금은 돌아가신 분의 여담인데 우리 나라 최초의 안경점인 〈세브란스 안경〉의 2대 사장이었던 분이 그런 눈썹이었습니다. 그분은 모두 7남매(3남 4녀)를 둔 다복한 분이었는데 그 7남매가 모두 경기고교와 경기여고를 졸업하고 한 사람도 빠짐없이 서울대학교에 진학했습니다.

지금 H 대학 의대 교수로 있는 그분의 둘째 자제와 동창이었던 관계로 어려서부터 그 어른을 자주 뵈었던 까닭에 그분의 양쪽 눈썹에 〈채〉가 둘씩이나 빛나고 있었던 것을 지금도 기억하고 있습니다.

눈썹 한두 가닥이 삐쭉하게 뻗어나왔다고 뽑거나 잘라버리는 일이 없도록 해야 합니다.

〈그림 38〉처럼 양쪽 눈썹의 높이가 서로 다른 사람이 있습니다. 이것은 배다른 형제가 있는 상이라고 합니다.

또 다른 사람과 대화를 할 때 눈썹을 찌푸리고 말하는 사람이 있습니다. '아미(蛾眉)를 찌푸린다'는 말이 있듯이 아름다운 여성 가운데 그런 버릇을

눈썹이 눈과 눈 사이에서부터 난
모양으로 자식복이 적은 상이다

〈그림 39〉

가진 사람이 있는데 우선 보기에도 좋지 않을 뿐더러 만년에 고독해질 상이라고 하니 지금부터라도 그런 버릇은 고치는 것이 좋겠습니다. 또 애기를 할 때 눈썹을 움직이며 말하는 사람도 좋지 않은 버릇입니다. 윗사람과의 의견이 맞지 않고 부모의 가업도 계승하기 어렵다는 것입니다.

사람이 눈썹을 움직일 때는 이마도 함께 움직이는 법입니다. 이것은 이마가 윗사람의 은덕을 나타낸다는 발상에서 볼 때 자기 생각대로 윗사람을 움직이려는 행위 같아서 자연히 윗사람과 의견이 맞지 않고 도움도 받지 못하기 쉽다는 것입니다.

또 눈썹이 일(一)자로 곧게 뻗은 사람보다 완만하게 휘어 있는 사람일수록 손재주가 좋다는 설이 있습니다. 기능 올림픽 선수들의 눈썹을 유심히 관찰해 보면 이것은 쉽게 이해되리라고 봅니다.

눈썹의 꼬리가 올라가면 성격이 과격하다

〈그림 39〉처럼 눈썹의 털이 눈과 눈 사이에서부터 나있는 사람이 있습니다. 이런 사람은 성미가 몹시 급하고, 그 때문에 성공하는 시기도 대단히 늦어지기 쉽다는 상입니다. 또 부부사이가 좋지 않은 편이 많고 자연히 자식복도 적은 상이라고 합니다.

이것은 양쪽 눈을 부부라고 볼 때 눈과 눈 사이로 눈썹이 나는 것은 마치 자식이나 형제들이 부부사이를 가로막는 것 같은 꼴이라는 발상에서 비롯된 것 같습니다. 부모 사이를 갈라놓는 자식들이라면 자연히 자식복도 없다고 보는 것은 당연한 이치입니다. 이런 경우는 어려서부터 눈 사이에 나있는 눈썹을 자꾸 뽑아버리는 것이 좋겠습니다.

눈썹의 꼬리 부분이 위로 치올라간 여성이 있는데 그러한 여성은 과격한 성격이 많고 얌전하게 가정에 들어앉아 있을 타입이 아니라고 합니다. 여자의 눈썹은 대체로 초승달처럼 가는 것이 보통입니다. 그러나 너무 가늘고 눈보다 훨씬 높게 나 있는 여성은 태어날 때부터 색정(色情)과 정력이 남다른 상이라고 합니다.

덧붙여 말씀드리면 눈썹의 머리쪽(미간)에 분포된 신경은 생리적으로나 심리적으로 대단히 민감하다고 합니다. 그리하여 여성이 생리가 있을 때는 〈그림 40〉처럼 눈썹의 머리쪽 털이 일어서는 경우가 많다는 설이 있습니다. 보통때는 가지런히 누워 있는데 생리 때만 되면 거꾸로 일어선다는 것입니다. 경험이 없어서 사실 여부를 단정할 수는 없지만 여성들은 자기 자신을 주의해서 관찰해 보는 것도 좋으리라 생각됩니다.

〈그림 40〉

여성이 생리가 있을 때 눈썹의 머리쪽 털이 일어난 모습이다

귀에 대하여

귀는 수복(壽福)을 나타낸다

귀가 크고 단단한 사람은 오래 산다
귀를 보면 장남인지 아닌지를 알 수 있다
귀에 구멍을 뚫으면 남편복을 망친다
귀에 점이 있는 사람 중에 효자가 많다

귀는 수복(壽福)을 나타낸다

귀가 크고 단단한 사람은 오래 산다

예로부터 동양에서는 귀가 큰 것을 복귀(福耳)라고 해서 장수와 유복한 표상으로 귀히 여겨 왔습니다.

상서에 의하면 '귀가 크면 마음도 넓고 지혜도 있으며, 귀가 작으면 이상도 작고 마음이 약하다'고 합니다. 그러나 서양에서는 '귀가 큰 사람은 경계심이 강하고 동물적, 정력적으로 실행력은 풍부하나 사색형은 아니'라고 보고 있습니다.

동양식과 서양식의 어느쪽이 올바른 판단이라고 단정할 필요는 없습니다. 왜냐하면 이 모두가 일리가 있는 것입니다.

관상이라는 것은 어느 부분부분만의 특징도 있지만 얼굴 전체를 종합해서 판단하는 것이므로 우선 귀에 그런 뜻이 있다고 알아두면 됩니다. 다만 귀가 큰 사람은 지혜도 있고 용기도 있어서 반드시 자기 스스로 일을 해서 성공하는 타입이며, 운세도 상당히 좋고 오래 사는 것만은 공통된 것 같습니다.

특히 남성의 경우가 그렇습니다. 남성 가운데 귀가 작은 사람은 끈기가 없고, 사소한 일에도 깜짝 놀라기 잘 하고, 마음이 여려서 과감하게 일을 추진하지 못하는 경향이 있습니다. 이것은 음양의 이치에서 남성은 양(陽)이라 큰 것이 당연하고, 여성은 음(陰)이라 작은 것이 마땅한데, 양인 남성의 귀가 작은 것은 여성적인 형태로 자연히 여성처럼 이상이 작고 마음도 여릴 것이라는 발상에서 비롯된 것입니다.

또 귀 전체가 단단하게 보이는 사람은 다른 부분이 빈상(貧相)일지라도 노력 여하에 따라 성공할 상으로 봅니다. 일생을 통해 위험한 일에 부딪쳐도 쉽게 헤쳐나갈 수 있는 운세를 갖고 있습니다.

귀를 신장의 표상으로 보고 있는 동양적인 사고방식으로 보건대 귀가 단단하다는 것은 곧 신장이 튼튼하다는 것을 뜻합니다. 신장이 튼튼하면 몸이 건강해서 밤낮없이 일을 해도 피곤을 느끼지 않습니다. 부지런히 일할 수 있는 사람이 성공하기 쉬운 것은 당연한 이치입니다.

그런데 여기서 말하는 신장은 한방식 의학의 의미로 현대의학에서 말하는 신장과는 의미가 조금 다릅니다.

상학에서 말하는 오장(五臟)은 한방에서 나누는

신계(腎系), 폐계(肺系), 간계(肝系), 심포계(心胞系),
비계(脾系)를 말합니다. 그러므로 여기서 신장이라고
쓰는 것은 넓은 의미의 신계라고 이해하는 편이
옳습니다.

어쨌든지간에 귀가 크면 신장도 튼튼하고 의욕적
이라 지혜도 생기며, 귀가 작으면 신계가 약해서
만사에 자신이 없고 끈기도 적은 것만은 틀림없습
니다.

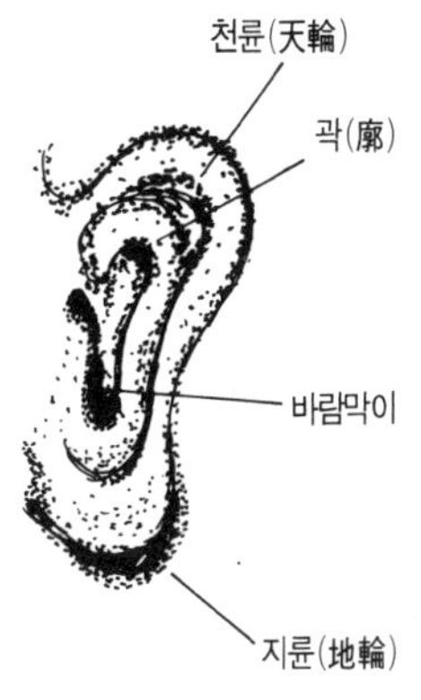

상학으로 살펴본 귀의 구조

귀를 보면 장남인지 아닌지를 알 수 있다

그 사람이 맏아들인지 둘째아들인지 하는 것은
귀를 보면 알 수 있습니다.

〈그림 41〉을 보아 주십시오.

상학에서는 귀의 맨 밖의 둘레를 윤(輪)이라 하
고, 안쪽 둘레를 곽(廓)이라고 하며 이들 둘을 일컬
어 윤곽(輪廓)이라고 부릅니다.

윤의 윗쪽은 천륜(天輪), 아랫쪽은 지륜(地輪)
또는 수주(垂珠)라고 부릅니다.

예로부터 전해 내려오는 설에 의하면, 장남으로
태어나는 사람은 〈그림 41〉처럼 곽이 윤과 평행으
로 휘어 있습니다. 그러나 그 곽이 〈그림 42〉처럼
윤쪽으로 튀어나와 있으면 그 사람은 둘째나 셋째아
들이라는 것입니다. 그러므로 결혼 전에 임신중절
경험이 한번이라도 있고, 그것이 아들이었다면 그
다음에 태어나는 사내아이는 운명적으로 맏아들이

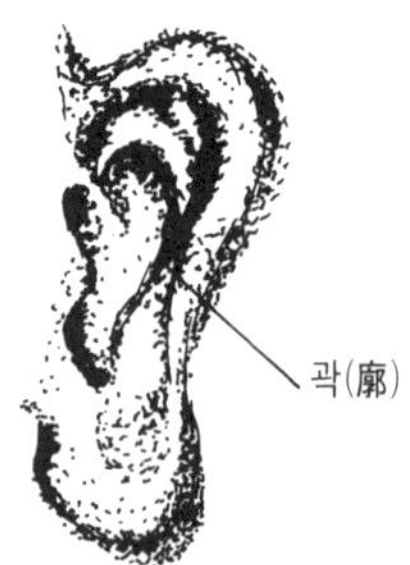

〈그림 42〉

곽(廓)

곽이 윗쪽으로 튀어나와 있는
둘째나 셋째아들의 상이다

아닌 것입니다. 그러나 이것은 사내아이에게만 해당되는 것으로 여성에게는 귀에 '장녀(長女)의 상'이란 것은 없습니다.

곽이 튀어나온 사람을 어째서 장남이 아니라고 보는가?

〈그림 41〉에서 보는 바와 같이, 상학에서는 귀 가운데 천륜을 아버지, 지륜을 어머니로 보고, 곽을 자기 자신으로 보는 발상이 있습니다. 아버지와 어머니가 자식의 둘레를 싸고 있는 모습입니다. 그런데 과거의 전통적인 우리네 풍습으로는 장남만이 부모의 집과 논밭 등 재산을 물려받게 되어 있으며, 그 나머지는 유산 상속을 받을 수 없었습니다. 따라서 둘째아들 이하는 일찍 부모의 테두리를 벗어나 타향으로 가거나 분가해서 독립을 하게 마련입니다. 따라서 귀의 곽이 튀어나온 형상은 마치 부모의 테두리를 뚫고 나가려는 모양이라 그 사람은 장남이 아닐 것이라는 판단입니다.

오늘날의 민법에서는 재산 상속권 문제가 전혀 달라졌음에도 불구하고 이러한 판단은 신통하게도 적중할 확률이 큽니다. 다만 장남이면서 도 어떤 연유로 해서 장남 노릇을 못하고, 둘째아들이 일생 부모를 모시거나 실질적인 장남 노릇을 하게 되는 집안에서는 귀의 윤곽이 처음부터 뒤바뀌는 수가 있는 것도 재미있는 현상입니다.

귀에 구멍을 뚫으면 남편복을 망친다

귓밥이 크고 두툼하게 생긴 사람은 생각하는 것도 원만하고 성실한 사람이며, 반대로 귓밥이 없는 것처럼 작은 사람은 재주는 있으나 성질이 급합니다. 그림을 그리는 사람이 공자처럼 학식과 인격이 높은 사람을 그릴 때 관상학을 모르면서도 귓밥을 크게 그리는 것은 그런 이유에서입니다.

삼국지에 나오는 유비는 귀가 어깨까지 내려와 있었다고 하는데 꼭 믿을 것은 못됩니다. 다만 그가 난세에 용맹하다기보다는 지덕과 인덕이 갖추어져 있던 사람으로 표현되어 있습니다.

앞에서도 살펴본 바와 같이 귀는 신계(腎系)에 속하는 것으로 즉 물[水]로 봅니다. 그러므로 귓밥이 크고 불룩한 것은 물기가 넉넉한 사람이라고 보기 때문에, 마음이 느긋하고 초조한 일이 없어 자연히 원만한 생각을 갖게 되는 것입니다.

반대로 귓밥이 없는 것 같은 사람은 목마른 사람처럼 조급하고 신경질적이어서 매사에 여유가 없습니다. 자연히 성내기 쉽고 원만하지 못하게 마련입니다. 하지만 귓밥이 큰 사람은 생각이 원만한 대신 남들이 생각한 것만큼 재주는 없는 것으로 되어 있습니다. 게다가 얼굴의 다른 부분에 두령운이 없으면 실행력이 모자라 자기 힘으로 크게 뻗어나가기도 힘들게 됩니다. 삼국지의 유비 선생에게는 죄송한 얘기입니다만, 그분이 두령운만 없었더라면 재주는 별로 없었을 것입니다.

　여성의 행복과 불행은 뭐니뭐니 해도 남편 잘 만나는 것에 달려 있습니다. 이러한 여성의 남성운은 귓밥의 크기로 봅니다.

　우선 귓밥이 크고 불룩하게 튀어나와 있는 귀는 아주 좋은 상(相)으로 일컬어져 성격도 명랑하고 남성에게 사랑받는 타입이라 남편운도 좋습니다.

　반대로 귓밥이 빈약한 여성은 왜 그런지 남편복이 좋지 않아, 한번쯤 결혼에 실패하기 쉽습니다. 이상스럽게 물장사를 하는 여성에게 이런 귀가 많아 유심히 관찰해 보고는 합니다.

　그런데 여기서 꼭 한가지, 만천하 여성들에게 권해 드릴 얘기가 있습니다. 이는 다름아니라 귀에 구멍을 뚫지 말라는 것입니다. 이미 뚫고 다니시는 분은 얼른 귀고리를 빼십시오. 그러면 오래지 않아 다시 원상태로 막혀 버리게 됩니다.

　귀에 구멍을 뚫고 거기에 귀고리를 하고 다니는 여성은 남이 보기에 아름다울지 모르나 상학적으로는 자기 자신의 운세를 망치고 있는 것입니다.

　귀는 오래 사는 것과 가정이 유복한가를 보는 곳일 뿐 아니라 또 여성은 남편운을 보는 곳입니다. 여기에 인위적으로 구멍을 뚫고 다니는 것은 스스로 세 가지 복을 발길로 차는 것이나 다를 바가 없습니다.

　'내 인생은 나의 것'이라고 우기신다면, 어쩔 수 없는 노릇이지만 좀더 나은 인생을 추구하는 것도 바람직하리라 생각됩니다.

귀에 점이 있는 사람 중에 효자가 많다

〈그림 41〉을 다시 보아 주십시오.

윤과 곽 건너편에 불쑥 튀어나와 귓구멍을 조금 가리고 있는 것이 있습니다. 이것을 바람막이라고 합니다.

귀의 모양은 본래 유전적이기 때문에 태어날 때부터 귀는 부모의 귀 모양을 닮고 있는 게 보통입니다.

이 바람막이가 부모의 귀에 비해서 작은 사람은 단명(短命)하다고 봅니다. 이때 단명하다는 것은 부모와 비교해 그렇다는 것이 아니라 일반적인 의미를 갖고 있습니다. 물론, 바람막이가 작더라도 손금의 생명선이 길거나 인중이 긴 사람도 있습니다. 그러므로 관상을 본다는 것은 어디까지나 종합판단에 의한 것이지, 하나하나의 상징에 너무 신경을 쓸 필요는 없습니다. 그저 이 부분은 이렇게 본다는 것만 알아두면 됩니다.

귀에 점이 있는 사람이 있습니다.

이런 사람은 '색난(色難)의 상'이라고 하는데 웬일인지 이런 사람 중에 효자가 많이 있습니다. 또 남성의 경우 피부색에 비해 귀에 붉은기가 많은 사람은 〈호색한〉이라고 보아도 무방합니다. 여성 가운데도 얼굴색은 보통인데 귀 부분만 언제나 발그스레한 사람도 비슷하다고 합니다.

대체로 귀의 색깔은 그 사람의 혈행(血行)을 나타내고 있어, 혈행이 좋은 사람은 총명하고 발랄한 성격이라 만사에 능동적이기 때문에 이성관계도 그런 맥락에서 보고 있는 것 같습니다.

반대로 머리가 아둔하고 의욕이 없는 사람은, 귀가 거무튀튀하고 꾀죄죄한 색깔을 하고 있는 것입 니다.

다음으로 귓구멍 속에 솜털이 아닌 머리카락처럼 뻣뻣한 털이 나 있는 사람이 있습니다.

상학에서는 이것을 〈이호(耳毫)〉라고 해서 대단히 귀히 여기는 장수의 상이라고 하는데 보기 싫다고 빼버리는 일이 절대로 없도록 해야 합니다.

이 밖에, 양쪽 귀의 크기가 현저하게 다른 사람이 있습니다. 이런 사람은 부모의 어느 한쪽이 일찍 돌아가시거나 떨어져 살 운세라고 합니다.

오른쪽 귀는 어머니, 왼쪽 귀는 아버지를 보는데 오른쪽 귀가 왼쪽 귀보다 극단적으로 작다면 어머니 가 일찍 돌아가시거나 생이별을 한다고 보는 것입니 다.

털에 대하여

털은 인생의 여러 가지 운명을 좌우한다

머리를 깎으면 혈액순환이 좋아진다
털이 굵고 뻣뻣한 사람은 정력적이다
곱슬머리는 끈기가 약하다

털

털은 인생의 여러 가지 운명을 좌우한다

머리를 깎으면 혈액순환이 좋아진다

우리가 알고 있는 바와 같이 사람의 몸에는 아홉 가지의 털이 나 있습니다.

솜털은 별도로 치고라도 ① 머리카락 ② 눈썹 ③ 속눈썹 ④ 콧털 ⑤ 겨드랑이 털 ⑥ 음모(陰毛) 등 여섯 가지는 남녀 공통이며 그외에 남성들은 ⑦ 수염 ⑧ 가슴털 ⑨ 손이나 발에 나는 털이 더 있습니다.

그 가운데 가장 굵은 것이 음모, 그 다음이 겨드랑이 털, 콧털, 머리카락의 순서인데 가장 가는 것은 눈썹입니다.

범죄의학에서는 사건현장에 떨어진 털 한가닥으로도 여러 가지 사실을 밝혀낼 수가 있다고 합니다.

이 털이 머리카락인가, 눈썹인가는 말할 것도 없고 남자의 것인가 여자의 것인가, 이 사람의 나이는 어느 정도고 키는 얼마이며 심지어는 혈액형까지도 가려낼 수가 있는 것입니다. 그만큼 털이란 개인을 판단하는 귀중한 자료로서 특히 털을 가지고 혈액형을 알아내는 것은 상학에서 '털을 혈관의 연장'이라고 보는 것과 관계가 있지 않나 생각됩니다.

그런 때문인지 상학에서는 머리카락을 자르면 '머릿속의 울혈(鬱血: 정맥에 피가 잘 흐르지 않고 한군데 고여 있는 것)을 방지하고 혈액순환을 잘 시킨다'고 말합니다. 남자가 머리를 깎으면 기분이 상쾌해지는 것은 단지 머리를 감고 겉보기에 깨끗해졌다는 이유뿐이 아니라 〈울혈〉을 방지한다는 생리적 이유 때문이라는 것입니다.

이것은 머리를 깎고 감았을 때와, 그냥 머리만 감았을 때의 생리적인 차이가 있다는 얘기도 됩니다. 물론 현대의학에서는 근거가 없는 소리일 수도 있습니다. 그런데 남자가 인위적으로 머리를 기르고 있으면 피의 순환이 정체된 결과로 어쩐 일인지 여성적인 성격을 띠게 된다고 합니다.

본래 남성은 생리적으로 결단도 빠르고 단념도 빠른 것입니다. 이에 반해 여성이 무슨 일에나 이리저리 생각을 거듭하고 결단이 늦으며 사소한 손실에도 단념을 하지 못하는 것은 머리카락을 늘 기르고 있는데 원인이 있는 모양입니다.

남성도 머리를 길게 기르고 있으면 여성처럼 유약한 면이 생긴다고 합니다. 예술가들이 보통사람들보다 머리를 길게 기르는 것은 여성적인 섬세한 감정을 옮겨 심기 위한 것인지도 모릅니다.

1962년 영국에서 조직된 비틀즈(The Beatles)
가 여성처럼 머리카락을 길게 기르고 록크(rock)
조의 보컬그룹으로 한때 세상을 휩쓸었던 것은 음악
의 세계에서도 여성적인 감정을 옮겨심는데 성공하
지 않았나 생각됩니다.(사진 53)

이것을 바꾸어 말하면 머리를 빡빡깎거나 짧게

〈사진 53〉

1962년 영국에서 조직된 비틀즈(The Beatles)의 모습이다
왼쪽부터 Paul McCartney, George Harrison, Ringo Starr, John Lennon

깎은 남성은 음치에 가깝거나 음악적으로 크게 성공
하기 어려운 체질이 아닌가합니다.

털이 굵고 뻣뻣한 사람은 정력적이다

머리카락의 색깔은 크게 나누어 ① 검은 머리
② 짙은 갈색머리 ③ 붉은 머리(紅毛) ④ 금발 ⑤

은발 ⑥ 아마색(亞麻色 : 노란색이 곁드린 갈색)
등으로 분류될 수 있으나 이것은 본래 인종에 따라
다른 것이지 개인차가 있는 것은 아닙니다.

그러나 같은 한국사람이라도 머리가 칠흑처럼
검은 사람이 있는가 하면 머리칼이 말총처럼 뻣뻣하
거나 부드러운 갈색머리의 사람도 있습니다. 똑같이
검은 머리카락이라도 윤기가 있는 사람이 있는가
하면 그렇지 않은 사람도 있습니다.

이것은 어렸을 때 더욱 현저하게 나타납니다.

유치원이나 국민학교에 가 보면, 같은 줄에 선
아이라도 유난히 머리카락이 새카만 아이나 극단적
으로 머리카락이 적은 아이는 아무래도 체질이 허약
한 편인 경우가 많습니다. 이런 아이들은 대개 부모
들이 허약할 때 낳은 경우라고 상학에서는 봅니다.
물론 머리카락도 유전이기 때문에 엄밀하게는 부모
의 머리카락과 비교해 보아야 알 일이지만 말입니
다.

또 〈새치〉라고 하여 20대의 젊은 나이에 벌써
백발이 성성한 사람이 있습니다. 상학에서는 이것을
〈신허(腎虛)〉라고 보는데 한방에서 얘기하는 신계
(腎系)에 무슨 결함이 있는 경우에 그렇다는 것입니
다.

또 흰머리가 왼쪽에 많이 나 있는 사람은 아버지
의 덕이 없고, 오른쪽에 흰머리가 많은 사람은 어머
니의 덕이 없다고 봅니다. 여성은 대개 이와 반대로
나타난다고 합니다.

육체적인 노동을 하는 사람들은 대개 털이 굵고,

정신노동에 종사하는 사람은 그리 굵지 않다는 얘기도 있습니다. 그러한 이유 때문인지 유명한 운동선수들은 대개 털이 굵고 뻣뻣하며 건강도 좋고 정력도 강한 편이라고 합니다.

한편 머리모양이 숏 컷트(Short Cut)에 잘 어울리는 여성이 있습니다. 머리를 깎으니까 짧아지는 것은 당연한 얘기지만 이런 여성은 본래 머리카락이 짧은 경우가 많습니다. 그 이상은 잘 자라지를 않는 체질인 것입니다. 그리고 그러한 여성은 대체로 머리카락이 뻣뻣한데 건강도 좋고 정열적인 여성이 많다고 합니다.

곱슬머리는 끈기가 약하다

머리카락이 〈파마〉를 한 것처럼 곱슬곱슬한 사람이 있습니다. 보통 애기하는 〈곱슬머리〉를 말하는데 머리카락은 본래 곧장 뻗는 것이 보통입니다. 극단적인 곱슬머리는 끈기가 부족하고 무슨 일에나 금방 실증이 나는 성격이라고 합니다. 그래서 직업을 자주 바꾸는 경우를 종종 볼 수 있습니다. 그리고 ‘그 방면에 열을 올리는 상’이라고 합니다. 따라서 요즈음 젊은 남성들 가운데 미장원에 가서 파마를 하고 다니는 사람은 스스로 보기에는 멋이 있을지 모르나 끈기를 떨어뜨리고 〈그 방면〉에만 열을 올리게 될지도 모르는 일입니다.

청년이 되어서도 입가에 수염이 거의 나지 않는

남성이 있습니다. 또 여성처럼 손발에 털이 별로 나지 않아 빤질빤질한 남성은 대체로 정력이 약하다고 합니다. 그뿐 아니라 포경인 경우가 많다는 것입니다.

반대로 여성인데도 입가에 솜털이 진하게 나 있는 여성이 있는데 이는 무엇인가 홀몬분비나 여성 자신에 이상이 있을지도 모르니 부인과 의사선생님께 한번 찾아가 보는 것이 좋겠습니다.

치료를 받고서 입가에 나 있던 수염 비슷한 것이 말끔히 없어졌다는 경험자도 있고 보면 믿을만한 것 같습니다.

이제까지 살펴본 바와 같이 털도 건강상의 여러 가지 특징을 보는 포인트가 되는 것입니다.

입에 대하여

입은 그 사람의 가정을 나타낸다

배우자를 고를 때는 반드시 입술의 윤곽을 보아야
입이 큰 여성은 남편을 부양하기 쉽다
입술이 얇고 작은 사람에게 에고이스트가 많다
웃을 때 잇몸이 드러나면 가수로 성공할 수 있다
입술이 두꺼우면 요리솜씨가 있다
입을 늘 벌리고 있는 사람은 '단명(短命)의 상'
입술에 점이 있으면 먹고사는 데는 지장이 없다
입술이 허연 여성은 유산(流産)하기 쉽다

입

입은 그 사람의 가정을 나타낸다

배우자를 고를 때는 입술의 윤곽을 보아야

상학에서 입은 가정을 나타냅니다.

대체로 입의 윤곽이 깨끗한 사람, 특히 윗입술의 선이 깨끗한 사람은 경제적으로 유복한 중류 이상의 가정에서 태어난 사람입니다. 이와 반대로 입의 윤곽이 분명치 않고 지저분한 느낌이 드는 사람은 남녀를 불문하고 경제적으로나 정신적으로 가난한 집안에서 자란 사람입니다.

어렸을 때 분명히 가난한 집안에서 자랐는데도 입의 윤곽이 깨끗한 사람은 경제적으로는 가난했을지라도 부모형제들이 화목한 가정을 이루어 적어도 정신적으로는 남부럽지 않게 자라온 증거입니다. 가난하지만 치사하거나 비굴하지 않고 청렴하게 살아온 선비의 집안이라 할 수 있습니다.

이런 사람은 결혼을 하고 한 가정을 이루고 나면

자연히 경제적으로 풍족해지거나, 돈은 없더라도 사회적인 지위나 명예가 있는 가정을 갖게 될 것입니다.

또 입의 크기와 상관없이 윗입술의 선이 아름답고 선명한 사람은 성격에도 자제력이 있어 불결하거나 부도덕한 것을 싫어합니다. 양심적이고 고지식하기 때문에 여성인 경우 정조관념이 강해서 웬만한 유혹에는 결코 넘어가지 않습니다.

입의 윤곽이 깨끗해야 된다는 것은 입이 하루 세 끼 음식을 먹는 곳이란 발상에서 비롯됩니다.

의식주(衣食住)가 넉넉한 사람은 음식을 즐기며 먹습니다. 점심이나 저녁을 두세 시간씩 걸려서 먹는 프랑스 사람이나 유태인들을 보면 쉽게 알 수 있습니다. 그러나 헐벗고 배고픈 사람은 같은 음식이라도 허겁지겁 먹게 되어 자연히 입언저리에 음식이 달라붙게 됩니다.

먹는 자세를 옆에서 볼 것 같으면, 허기진 사람일수록 입이 음식 그릇 가까이로 가 있는 것을 볼 수 있습니다. 대표적인 것이 돼지의 주둥이입니다.

동물은 숟가락을 쓸 줄 모르는 까닭도 있지만, 허겁지겁 먹는 모습은 돼지가 제일 심합니다. 그런데 오랫동안 음식 그릇에 입을 대고 먹게 되면 입술의 윤곽이 볼품없이 망가지게 됩니다. 그런 발상에서 입술의 윤곽이 깨끗한 사람은 음식을 허겁지겁 먹지 않는 넉넉한 가정에서 자랐다고 보는 것입니다.

맞선을 보는 젊은이나 그 부모님들은 인류대사

(人倫大事)를 치르기 전에 우선 상대방 입의 윤곽을
눈여겨보는 것도 사람을 보는 생활의 지혜가 아닌가
싶습니다.

입이 큰 여성은 남편을 부양하기 쉽다

〈사진 54〉는 '보너스를 타는 날'이란 제목으로
일본의 한 은행이 잡지에 실은 광고 속의 사진입니
다.

열 명의 남녀 샐러리맨이 즐거운 모습으로 웃고
있는 모습인데, 즐거운 일이 있을 때는 누구나 입을
벌리는 공통점이 있습니다. 그것은 동물적인 본능으

〈사진 54〉

'보너스 타는 날' 샐러리맨들이 즐거운 모습으로 웃고 있는 장면인데
즐거운 일이 있을 때는 누구나 입을 벌리는 공통점이 있다

〈사진 55〉

얼굴에 비해 입이 큰
여배우 오드리 햅번

로 〈즐거운 일〉이란 우선 먹을 것과 깊은 관련이 있기 때문입니다

웃을 때에 입을 크게 벌리고 웃는 사람은 매사에 의욕적이며 금운(金運)도 따르기 마련입니다. 이와 반대로 입이 작은 사람은 매사에 소심하고 마음이 약해 아무것도 아닌 일에도 놀라기 쉽습니다. 특히 남성으로 얼굴에 비해 입이 지나치게 작은 사람은 스케일도 작을 뿐더러 끈기도 없어서 도무지 큰 사업은 하기 어렵습니다.

입이 〈크다 작다〉하는 것은 두 눈의 동자의 중심에서 수직으로 선을 그어내려서, 그 간격보다 입의 양쪽 끝이 더 나와 있으면 입이 크다고 할 수 있으며 거기에 못미치면 작은 입이라고 할 수 있습니다.

어쨌든 남이 보아서 입이 크다는 인상을 받는 것은 그 사람의 얼굴 전체의 면적에 비해서 느껴지는 것입니다. 유명한 여배우 오드리 햅번(사진 55)이 그 대표적인 예입니다.

여성으로서 입이 큰 사람은 성격도 양성적이고 생활의욕도 왕성해서, 웬만하면 집안에 들어앉아 있지를 못합니다. 이것은 타고난 체질이므로 어쩔 수 없는 노릇입니다.

미국 여성들 가운데 맞벌이 부부가 많은 것은 그 나라의 사회적인 경제 구조에도 원인이 있겠지만 동양사람들보다 대체로 입이 큰 여성이 많은 것과도 관련이 있다고 봅니다.

우리 나라에서도 여성운동에 앞장서거나 여자

몸으로 기업을 이끌어가는 여사장족(女社長族)들을 보면 대체로 입이 큰 분들입니다.

그런데 세상의 이치는 묘한 것이어서 결혼한 여성이 남편보다 더 사회에 알려지기 시작하면 이상하게도 남편의 운세가 지지부진해지면서 결국 아내가 남편과 자식들을 부양하는 꼴이 되고 마는 경우가 흔히 있습니다.

이런 여성들은 예외없이 입이 큰 분들입니다.

이조시대처럼, 여성이 전혀 사회활동을 할 수 없었던 시절에 있어서도 당대를 주름잡던 장녹수(연산군의 후궁)나 정난정(윤원형의 처) 같은 여걸들은 아마도 입이 큰 여성이었음에 틀림없습니다.

입술이 얇고 작은 사람에게 에고이스트가 많다

입술은 보통 피부가 아니라 점막으로 되어 있는 것이 특징인데 이는 피부 가운데 착색(着色)되어 있는 부분입니다.

사람의 몸 가운데 점막이 겉으로 나타나 착색이 되어 있는 부분은 입술과 젖꼭지와 음부와 항문뿐입니다. 이런 연유로 해서 입과 성감(性感)과를 연결시켜 생각하는 갖가지 설이 남성들 사이에 알려져 있는데 그 중에는 맞는 것도 있고 공상 비슷한 것도 있습니다.

그 중의 대표적인 것이 '여자의 입은 작아야 된다'는 것인데 반드시 맞는 얘기는 아닙니다. 아닌게

아니라 동양에서는 입이 작은 여성을 아내로 삼는 것이 바람직한 것으로 되어 왔습니다.

어째서 그렇단 말인가?

그것은 입이 작은 여성은 소심한 성격을 갖고 있어, 우선 남편의 말을 잘 따르고, 집안살림만을 알뜰하게 하고 살 수 있기 때문입니다.

오늘날에도 입이 작은 여성은 크게 일을 저지르지 못하는 성격이라고 말들 합니다. 이런 여성은 분수에 맞지 않게 욕심이 앞서 크게 계를 하다가 왕창 빚을 지거나 섣불리 복부인(福夫人)으로 날뛰다가 막차를 타는 비극만은 저지르지 않는다고 합니다.

앞에서도 이미 살펴보았지만 입이 큰 여성은 사교적입니다. 이것은 그 사람의 소뇌(小腦)와 관계가 있기 때문인데 상학에서는 입술의 크기와 소뇌의 크기가 일치한다고 보고 있습니다.

소뇌가 커서 머리 뒤통수가 뒤로 튀어나온 사람, 즉 입술이 큰 사람은 남의 사정을 잘 알아 주고, 자기를 희생해서라도 남의 일을 도아주는 타입이라고 합니다.

반대로 뒤통수가 평편한 사람, 이른바 절벽형의 사람은 이기적이라 남의 일에 냉담합니다. 이런 사람은 대개 입술이 작고 얇은 편입니다.

입술이 큰 여성은 남의 일에 관심을 갖고 돌봐주느라고 자연 분주해질 수밖에 없으며 사교적인 성격이라 매사에 적극적이며 혹 실패 하더라도 단념하는 것이 빠릅니다. 이성(異性)에게도 적극적입니다. 혹시 누군가를 깊이 사랑하게 되면 친한 친구에게 실토하지 않고는 배기지 못하는 타입입니다.

침실의 매너도 상상하고 남음이 있습니다. 일설에는 대체로 입이 큰 여성은 침실에서도 수줍은 듯한 매력이 적어, 어딘가 정서적으로는 무드(Mood)가 결여되는 수가 있다고도 합니다. 하지만 성감이란 어디까지나 입술의 살집과 탄력성에 관계가 있는 것이지 입의 크고 작고와는 근본적으로 상관이 없다고 합니다. 오히려 입술이 큰 여성은 침실에서도 자기의 성감을 적나라하게 나타내어 남성을 자극하고 만족시킬 확률이 높은 모양입니다.

웃을 때 잇몸이 드러나면 가수로 성공할 수 있다

〈사진 56〉처럼 웃을 때 잇몸을 드러내고 웃는 여성이 있는데 대개 입도 큰 사람입니다.

이런 여성은 대가 세고, 구질구질하지 않은 성격으로 여성치고는 낙천가처럼 보이지만 마음속 한구석에 언제나 냉정한 계산을 하고 삽니다. 그런데 이런 여성은 몹시 유혹에 약해서 기분만 맞으면 남성의 유혹을 뿌리치지 못하는 약점이 있습니다.

일설에 의하면, 잇몸을 드러내고 웃는 사람은 남녀를 불문하고 정조관념이 다소 희박하다고 합니다. 그 이유는 보통 사람이 웃을 때는 잇몸이 드러나지 않는 것인데 자기 뜻에 상관없이 잇몸까지 드러내 보인다는 것은 어딘가 몸이 단정하지 않기

〈사진 56〉
일본 가수 가시와라 요시에가 잇몸을 드러내고 웃고 있다

때문이라는 발상입니다. 그런 면에서 본다면, 웃을 때 입을 가리고 웃는 여성은 몸을 단정히하려는 노력으로, 정조관념을 굳게 할 수 있을지도 모릅니다.

웃을 때 잇몸이 드러나는 사람은 특별한 소질도 갖추고 있습니다. 음악적인 감각이 뛰어나 예능계에 진출하면 성공할 확률이 높다는 것입니다.

가요계의 여왕이라는 L양, 트로트의 여왕이라는 K양, 왕년의 톱 싱어 J양 등 유명한 여가수들을 한번 연상해 보십시오. 웃을 때 모두 잇몸이 크게 드러나는 공통점을 갖고 있습니다.

입술이 두꺼우면 요리솜씨가 있다

입술의 두께는 위아래가 비슷한 사람이 부부 생활도 원만하다고 합니다.

상학에 의하면 입술이 지나치게 얇은 사람은 남녀를 불문하고 자식복이 적다고 하니 입술은 두툼한 편이 길상(吉相)이라 볼 수 있습니다.

또 입술의 두께는 요리 솜씨와도 크게 관계가 있는가 봅니다.

본래 입술은 미각신경(味覺神經)과 밀접한 관계가 있어, 입술이 두꺼운 사람은 남녀 할것없이 미각이 발달되어 있습니다. 따라서 요리 솜씨도 수준 이상입니다. 일류 음식점이나 흔히 일식집에서 생선초밥을 주무르고 있는 조리사들을 보면 대개가 아랫입술이 두꺼운 사람임을 알 수 있습니다.

반대로 입술이 얇은 여성은 음식 솜씨도 신통치 않다고 합니다.

입술의 양쪽 끝을 상학에서는 해각(海角)이라고 부르는데 〈그림 43〉처럼 해각이 윗쪽으로 올라가, 얼른 보면 웃는 것 같은 인상의 입모양을 가진 사람이 있습니다. 이런 사람은 일생 식복(食福)이 있어, 직업도 안정되어 있습니다.

반대로 〈그림 44〉처럼 윗입술이 아랫입술의 안쪽으로 들어가 해각이 아랫쪽으로 처진 모양이 있습니다. 노인들에게 많은, 심술난 것 같은 인상인데 이런 사람은 신경질적이며 남에게 시비를 잘 거는 경향이 있다고 합니다. 또한 금운(金運)도 좋지 않아서 수입보다 돈쓸 일이 많은 상입니다.

〈그림 43〉의 타입은 하늘에서 재물를 받는 모습이고 〈그림 44〉는 받은 재물을 그대로 땅에 흘려버리는 모습으로 풀이하기 때문입니다.

또 옆 얼굴에서 볼 것 같으면 〈그림 45〉처럼 윗입술이 아랫입술을 누르는 것 같은 느낌을 주는 입 모양이 있습니다. 이런 사람은 대개 조숙한 사람입니다. 여성이라면 초경도 남보다 일찍하고, 열댓 살만 되면 시집을 보내도 지장이 없을 만큼 성숙해지는 타입입니다.

일설에는 이런 입은 향락을 좋아하고 게으른 성품이 있어 일보다는 야유회 준비에 더 열을 올릴지도 모른다고 합니다.

반대로 〈그림 46〉과 같이 윗입술보다 아랫입술이

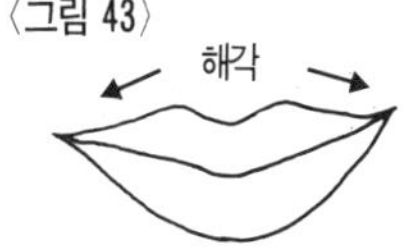

해각이 윗쪽으로 올라가 얼른 보면 웃는 것 같은 입모양이다

해각이 아랫쪽으로 처진 듯한 입모양으로 금운이 좋지 않다

입술이 아랫입술을 누르는 것 같은 입모양으로 조숙한 사람이 많다

〈그림 46〉

윗입술보다 아랫입술이 앞으로 더
나와 있는 하극상〈下克上〉의
입모양

〈사진 57〉
헐리우드의 섹스 심벌이었던
마릴린 몬로
입을 벌리고 있는 모습이
매우 선정적이다

더 앞으로 나와 있는 사람이 있습니다. 이런 사람은 윗사람과 뜻이 잘 맞지 않아 자주 직업을 바꾸는 상이라고 합니다. 이것은 입술도 위아래가 엄연히 있는데, 아랫쪽이 더 나서는 모양이라, 하극상(下克上)의 모양으로 보기 때문입니다.

입을 늘 벌리고 있는 사람은 '단명(短命)의 상'

입을 늘 벌리고 있는 사람이 있습니다.

대표적인 예로는 헐리우드의 섹스 심벌이었던 마릴린 몬로의 입을 들 수 있습니다.(사진 57)

남성의 입장에서 본다면 입을 헤 벌리고 있는 몬로의 모습은 더할나위 없이 선정적일지 모르지만, 이런 사람은 매사에 끈기가 없고 신체의 고장도 많아 단명(短命)의 상으로 보는 것이 보통입니다. 왜냐하면 상학에서는 입을 운기(運氣)의 문(門)으로 보아 입이 헬렐레하면 자연히 운기가 새어나가기 때문이라는 것입니다. 그래서 그런지는 몰라도 몬로는 아까운 나이에 세상을 떠나고 말았습니다.

입술에 점이 있으면 먹고사는 데는 지장이 없다

입술에 점이 있는 사람이 있는데 윗입술에 점이

있으면 수난(水難)의 상이라고 합니다. 이런 사람은 해수욕장에 가더라도 예비 운동을 잊지 말아야 합니다.

아랫입술에 점이 있을 때, 남성의 경우는 '여난(女難)의 상', 여성의 경우는 '남난(男難)의 상'이라고 합니다. 본인 자신에게는 그런 기가 없다 하더라도 자칫하다 보면 상대방 때문에 시달리는 운세를 갖고 있으니 몸가짐을 단정히 해야 될 것입니다.

여성의 경우는 윗입술이나 아랫입술 할것없이 입술에 점이 있으면 냉증과 대하증의 경향이 있다고 하니 유의해야 합니다.

그러나 입술에 점이 있는 사람은 남녀를 불문하고 식복이 있어, 평생동안 먹고 사는 데는 지장이 없다는 좋은 운세도 타고났습니다.

점이 있는 것과는 별도로 입술에 칼자국이 있는 사람은 만년에 금운이 좋지 않다고 합니다. 윗입술·아랫입술에 상관없이 만일 한가운데에 있다면 더욱 좋지 않습니다.

얼굴에 상처가 있는 것은 점과 달라서 두말할 것 없이 후천적인 것으로 더욱 좋지 않다고 보는 것입니다. 조금 조심만 하면 괜찮았을 것을 취한 김에 시비를 걸다가 생기는 수도 있으니 남성들은 특히 조심할 일입니다.

입술에 세로줄이 많은 여성이 있는데 그것은 다산계(多産系)의 특징입니다.

오늘날은 '둘만 낳아 잘 기르자'에서 '하나도 많다'는 세상이므로 특별히 걱정할 바는 아니지만 이런 여성과 결혼한 남성은 가족계획을 여간 조심하지 않으면 '웃고 즐기는 가운데…' 5남매의 아빠가 되는 수도 있으니 명심해야 될 것입니다.

입술이 허연 여성은 유산(流産)하기 쉽다

입술의 색깔에 대해서 몇 가지 살펴볼 것 같으면 입술은 자연스럽게 붉은 것이 좋은 것입니다. 그러나 중년 남성으로 여자 입술처럼 새빨간 사람은 천식 같은 호흡기계의 질환이 있기 쉽습니다. 또 남녀를 불문하고 입술이 거무튀튀한 사람은 음란한 상이라고 합니다. 그런 여성은 젖꼭지도 거무튀튀하게 마련인데 여성으로 젖꼭지가 거무튀튀해지는 것은 임신 중절을 해도 의학적으로 그런 경우가 있다니 혼동하지 마시기를……

또 입술에 핏기가 없이 허여스름한 여성은 자궁이 냉해서 유산하기 쉬운 체질입니다.

필자가 언론계에 있을 때, 한동네에 살던 K모 부장이 그것 때문에 여간 고생을 한 것이 아닙니다.

부인이 어린애를 갖기만 하면 5~6개월 안에 조산을 거듭합니다. 너무 일찍 나왔으니, 조산아(早産兒)를 어떻게든지 살려보려고 큰 병원에서 인큐베이터(Incubator)에 넣고 몇 달씩 공을 들여보았지만, 번번히 실패를 하고 보니 40을 바라보는 나이에 자식 하나 없고 집안이 말이 아니었습니다.

그 부인의 입술이 언제나 허여스름하고 핏기가 없었습니다.

그 뒤에 40이 지나서야 가까스로 남매를 낳아 지금은 잘 자라고 있는데 그무렵부터 그 부인의 입술은 핏기를 찾아 붉은색을 띠게 된 것입니다.

여성들은 화장품 회사가 무슨 캠페인을 벌이건 상관없이 루즈(입술연지)만은 반드시 붉은색 계통만 사서 바르는 것이 현명합니다.

멋이나 유행도 좋지만, 멀쩡하게 붉은 입술 위에 허여스름한 색깔을 바르고 다니면 자궁이 냉해져서 유산을 거듭하게 될지도 모른다는 사실을 잊지 말아야 합니다.

이에 대하여

이를 보면 건강을 알 수 있다

앞니는 정력과 운세를 판단하는 포인트
틀니를 하게 되면 투쟁심이 약해질 수 있다
이가 가지런한 사람은 노래를 잘한다
이 사이가 벌어진 사람은 교통사고를 조심하라
앞니가 옆으로 휘면 허풍이 세다
이가 잘고 가지런한 사람은 이기적이다

이

이를 보면 건강을 알 수 있다

앞니는 정력과 운세를 판단하는 포인트

옛날부터 이(齒)가 좋은 것은 오복(五福)의 하나라고 알려져 왔습니다. 젊었을 때는 그게 무슨 소린지 이해하지 못했지만 근래 이가 나빠져서 치과 신세를 지기 시작하면서 이가 튼튼한 것이 참으로 복의 하나라고 느끼게 되었습니다.

이는 본래 먹는 것, 즉 섭생과 밀접한 관계가 있느니만큼, 이를 보면 건강을 판단할 수 있는 것입니다. 잘 알려지지 않은 얘기인데 상학에 치상(齒相)이라는 것이 있습니다.

모두가 알고 있는 바와 같이 이에는 앞니(前齒), 송곳니(犬齒), 어금니(臼齒)의 세 종류가 있습니다. 이중 앞니는 맨 앞 가운데에 아래위로 네 개씩 나 있습니다.

〈사진 58〉을 보아 주십시오. 맨 앞 중앙에 넓적하

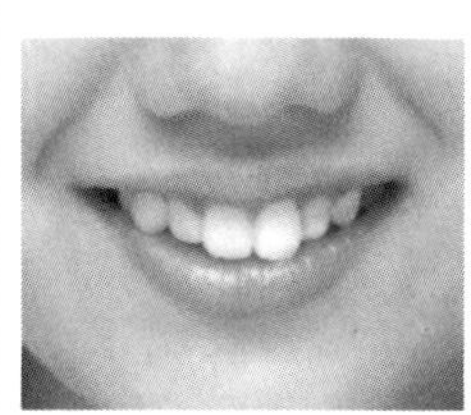

〈사진 58〉

고 커다란 앞니 두 개가 보입니다. 보통 사람들은 이렇게 크게 생긴 이 두 개만을 앞니라고 생각하지만, 치과에서는 그 양옆에 있는 이 하나씩도 앞니로 치고 있습니다.

치과 용어로는 가운데 있는 큰 앞니를 중절치(中切齒), 그 양 옆 하나씩을 측절치(側切齒), 두 가지를 통틀어서 앞니라고 부릅니다. 앞니의 양옆에 조금 뾰족하게 생긴 이를 송곳니라고 부릅니다.

이의 구조는 〈그림 47〉처럼 배열되어 있습니다. 그러니까 보통 사람들은 앞니가 위아래 네 개씩 여덟 개, 송곳니가 위아래 두 개씩 모두 네 개가 나 있습니다. 그 안쪽으로 작은 어금니(小臼齒)가 위아래 네 개씩 여덟 개, 큰 어금니(大臼齒)가 위아래 여섯 개씩 열두 개, 모두 합치면 서른두 개가 됩니다.

사랑니라는 것은 큰 어금니의 일종입니다. 본래 큰 어금니라는 것은 처음부터 위아래 여섯 개씩

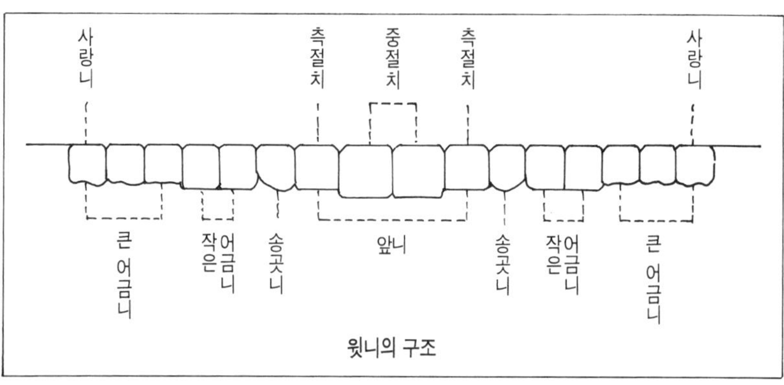

나 있지 않고 이 양쪽 끝으로 두 개씩만 나 있어, 위아래 합쳐도 여덟 개밖에 나 있지 않은 것입니다. 그것이 나이가 들면서 양쪽 맨 끝으로(안쪽으로) 하나씩 더 나오는 것을 〈사랑니〉라고 부릅니다. 사랑니가 나오는 확률은 70~80％로 그것이 전혀 안 나오는 사람은 이의 총 갯수가 서른두 개가 아닌 스물여덟 개인 셈입니다.

　사람이 노화되는 징후는 우선 눈, 이, 정력의 차례로 온다고 합니다. 그래서 상학에서는 특히 정력을 상징하는 이를 보는데 그 중에서도 앞니가 중요합니다. 앞니는 그 사람의 정력이나 운세를 보는 중요 포인트가 되기 때문입니다.

틀니를 하게 되면 투쟁심이 약해질 수 있다

　이는 육체의 건강을 유지하기 위해 〈씹는다〉는 중요한 역할을 맡고 있습니다. 나이가 들어 〈씹는 기능〉이 떨어지면 건강도 자연히 내리막길이 되기 마련입니다. 그뿐 아니라 이가 빨리 썩거나 빠지는 사람은 생활의욕이 떨어지는 것을 나타내며, 이가 대체로 신통치 않은 사람은 정력도 왕성하지 못한 편이라고 합니다. 그러나 아무리 다른 이가 나쁘더라도 앞니가 튼튼하다면 정력도 그리 쇠퇴하지 않는 모양입니다. 반대로 틀니를 끼기 위해 앞니까지 모두 빼버린 사람은 나이에 관계없이 정상적인 성생활의 기능 감퇴를 가져온다고 합니다. 이를테면 정력이 약해진다는 것입니다.

예능계에서 활약하고 있는 여성 가운데는 아름답지 않은 이를 빼어버리고 일부러 틀니를 하는 사람도 간혹 있습니다. 20대의 여성이 앞니를 뺐다고 해서, 곧 성기능이 현저히 쇠퇴할 리야 없겠지만 앞니가 튼튼한 여성에 비해 정력이 감퇴하고 갱년기에 이름에 따라 그 경향은 두드러질 것이라는 생각이 듭니다.

필자의 단골 치과의사인 Y박사 얘기를 들어 보면, 현대 치의학에서 앞니와 성기능과의 관계는 아직 그렇게 밝혀진 바는 없다고 합니다. 다만 틀니를 하면 씹는 능력이 본래의 자기 이에 비해 3분의 1밖에 되지 않기 때문에, 잘 씹혀지지 않은 음식은 자연히 위에 부담을 줄 것이 아니냐는 것뿐이었습니다.

이것은 어쩌면 의학적으로는 설명되지 못할 수도 있을 것입니다. 성기능 같은 것은 다분히 정신적인 지배도 많이 받는 것이기 때문입니다.

유명한 운동선수들 중에 경기를 얼마 앞두고부터는 머리나 손톱을 깎지 않고, 심지어는 발톱도 깎지 않는 습관을 갖고 있는 사람이 많습니다.

우리 나라 월드컵 축구 팀의 감독이었던 김정남 감독 같은 분도 시합전에는 어떤 일이 있어도 머리나 수염, 손톱을 깎지 않는 습관을 갖고 있다고 합니다. 이것은 아예 금기사항인 것처럼 되어 있는데 무엇때문에 그런 습관이 생겼는지는 몰라도 음미해 볼 만한 일입니다.

얼마전 조선일보에 프로축구 대우의 김주성 선수와 포철의 조긍연 선수에 관한 기사가 난 적이 있는데 김주성 선수는 머리를 짧게 깎으면 전혀 골(goal)이 터지지 않는다는 것이었습니다. 또한 조긍연 선수는 경기를 앞두고 면도를 하면 역시 골이 안 터진다는 실례를 들고 있었습니다.

그래서 이들은 장발과 털보(본인은 아름답게 수염을 가꾼다고 하지만) 선수로 뛰고 있습니다.

이러한 현상을 결전에 임하는 운동 선수들의 미신이나 징크스 비슷한 것으로 여기기가 쉽습니다. 그러나 축구나 권투 할것없이 모두가 그 밑바닥에 흐르고 있는 것은 동물적인 투쟁의 본능입니다. 동물의 싸움은 이빨과 발톱이 날카로워야 이길 승산이 있는 것입니다. 따라서 이빨이 빠지거나 발톱이 부러지면 전의(戰意)를 상실하는 모양입니다. 인간에게도 아직 야생 동물의 본능이 남아 있어 싸움에 나설 때는 손톱이나 발톱을 깎지 않으면 야생적인 전의(戰意)가 되살아난다는 설이 있습니다.

이런 면에서 본다면 〈이〉 가운데서도 우선 '물어뜯는 역할'을 하는 앞니는 본능적으로 전투적인 의미를 지니고 있다고 볼 수 있습니다. 따라서 앞니가 빠져버리면 여러 가지 의욕도 줄어든다고 보는 모양입니다. 어쨌든지간에 상학에서는 앞니를 빼거나 틀니를 하게 되면 여성의 경우는 유방이 작아지며, 이가 튼튼한 사람은 남녀를 불문하고 〈정력〉도 강하다고 보고 있는 것만은 틀림없습니다.

이가 가지런한 사람은 노래를 잘한다

이는 가지런하게 나 있는 것을 좋은 상으로 봅니다.

이는 성격과도 대단한 관련이 있는 것으로 통계적으로 보면 악질적인 범죄자 가운데 치열이 고르지 않거나 뻐드렁니를 가진 사람이 많다고 합니다.

오래된 상서에 의하면 이가 가지런한 사람은 '말에 진실이 담겨 있다'고 하며 이와 이 사이가 벌어지거나 이가 가지런하지 않으면 '품성이 거칠고 거짓말 잘하는 자'라고 합니다.

서양의 어린아이들이 흔히 치열을 고르게 하기 위해 교정 장치를 이에 끼고 다니는 것은 이를 가지런하게 만드는 것 이상으로 성격이나 운세를 고치는 효과를 가져온다는 점에서 주목할 만합니다.

우리 나라 부모님들도 어린 자녀들의 이가 가지런한지 어떤지를 일찍부터 눈여겨보아 교정하는 데 신경을 쓰는 게 좋겠습니다.

입의 상에서도 잠깐 살펴본 바와 같이 가수가 되려면 이가 가지런해야 좋다고 합니다. 음감이 발달되어 있는 사람은 〈사진 59〉에서 보는 바와 같이 얼굴에 있어서 눈코 입이 크고 이가 가지런하며, 웃을 때 잇몸이 드러나는 경우가 많다는 것입니다.

앞니가 남자처럼 유난히 큰 여성이 있는데 대단히 일에 열중하는 타입으로, 자기의 의무에 대해서도 성실한 편입니다. 또 앞니뿐만 아니라 이 전체가 가지런하게 큰 여성이 있습니다. 이런 타입의 여성은 정열적인 성격으로 남성에 대해서도 적극적이며 생활 전반에 걸쳐 남성을 리드하는 성격이라 할 수 있습니다.〈사진 60 참조〉

이가 극도로 들쭉날쭉한 사람은 남녀를 불문하고 성격이 급하며 고집이 센 사람이 많다고 합니다. 결혼운에도 문제가 있는 편이라고 하는데 여성의 경우 타고난 고집과 조급한 성격 때문에 남편이나 시부모와도 불편한 관계가 예상되는 것입니다. 그리하여 이혼과 재혼을 하게 되는 운세도 지니고 있습니다.

또한 이의 색깔이 검은 사람이 있습니다. 이것은 담배를 많이 피워서가 아닙니다. 상학에서는 이것을 '황음(荒淫)의 상'으로 보고 있습니다.

대체로 이의 색깔은 엷은 황색이 보통인데 치과에 가서 스케일링을 하고나도 거무스름하거나 거꾸로 너무 백옥처럼 흰 것도 좋지 않다고 보는 것입니다. 너무 이가 흰 것은 〈마골(馬骨)〉 즉 말뼈다귀 같다고 해서 천상(賤相)으로 봅니다. 반면에 이가 거무스름한 사람은 입술의 색깔도 대체로 거무스름한 수가 많은데 이런 남성은 음란한 체질일 수가 많다고 합니다.

〈사진 60〉
영화배우 소피아 로렌.
앞니가 남자처럼 유난히 큰 여성은 자기 의무에 성실하며 일에 대단히 열중하는 타입이다

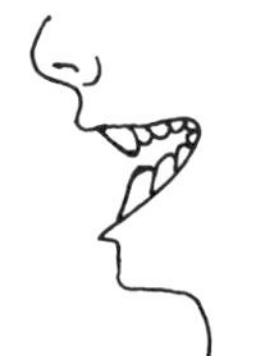

이 사이가 벌어진 사람은 교통사고를 조심하라

이만 보면 그 사람의 성격이나 장래성 등을 대강 짐작할수 있습니다.

〈그림 48〉을 보아 주십시오.

①은 뻐드렁니를 옆에서 본 그림입니다. 뻐드렁니는 이가 입술 바깥쪽을 향해 있는 모양으로, 이런 이를 가진 사람은 격식 차리지 않고 아무렇게나 말하기 좋아하는 성격을 가진 경우가 많다고 합니다. 이를테면 자기 생각을 곧바로 얼굴에 나타내는 타입입니다.

②는 반대로 이가 입 안쪽으로 향해 있는 모양입니다. 우리가 흔히 말하는 옥니배기로, 음성적인 성격을 가진 경우가 많다고 합니다.

남 앞에 별로 나서기를 좋아하지 않는 성격이지만 그대신 뒤에서 꾸미는 일은 잘 하는 책사(策士)의 타입입니다. 요즘말로 하면 참모형이라 할 수 있습니다.

이번에는 앞니가 벌어진 상입니다.

〈그림 49〉를 보십시오.

③은 앞니 중에서 중절치의 사이가 극단적으로 벌어져 있는 모양입니다. 이런 사람은 만사에 끈기가 적고, 형제 친척이 많더라도 도움을 받기보다는 도와주어야 할 일이 많은 운세라고 합니다. 상학에서는 앞니를 당문(當門)이라고 하여 운기에 관계가 있는 것으로 보기 때문입니다. 운기를 보는 앞니가 언제나 벌어져 있는 모양은 스스로 운기를 잃는

것과 마찬가지라 자연 끈기도 적어진다고 생각하는 것입니다.

요즈음은 치과에 가면 〈포설린(Porcelain)〉으로 간단히 크라운을 씌움으로써 벌어진 이 사이쯤은 감쪽같이 막아버릴 수 있는 세상입니다. 이 사이가 벌어진 분들을 위해서 참고삼아 말씀드리는 것입니다.

또 ④처럼 앞니 사이가 여덟 팔자 모양으로 벌어진 모습도 비슷하게 봅니다. 이런 사람도 운세가 약한 편이며 처복과 자식복도 적은 편이라고 합니다. 또한 일생에 한번쯤은 크게 교통사고를 당할 운세도 지니고 있어 오너 드라이버라면 술 마시고 운전하는 일은 절대로 삼가야 할 것입니다.

옛날에는 이 사이가 벌어지면 '횡사(橫死)의 상'이라고 보아 왔습니다. 오늘날 같으면 각별히 교통사고를 조심해야 될 사람입니다. 그런저런 까닭으로 부모가 살아계실 때에는 본의아니게 부모의 걱정을 끼쳐드리는 일도 많아 본심은 그렇지 않더라도 불효를 하게 되는 수가 있다고 합니다.

직장후배 가운데 M이란 청년이 있었는데 그 친구의 앞니가 아래위 모두 ③처럼 벌어져 있었습니다. 그런데 그 친구가 몇해전 자기 차를 몰고 어느 온천장으로 놀러 가다가 그만 낭떨어지에 떨어져 함께 타고가던 자기 아들과 친구의 딸이 사망하고, 자기 아내와 자기 자신은 1년이나 병원에서 일어나지 못하는 불운을 겪었습니다.

병원비용만도 자그마치 1억 가까이 들었는데 보험

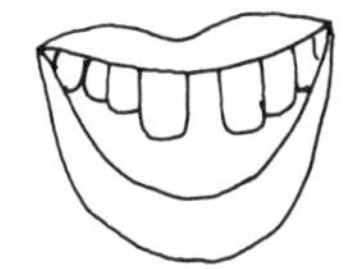

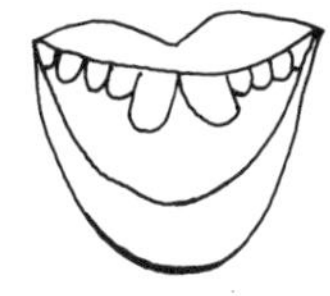

〈그림 49〉

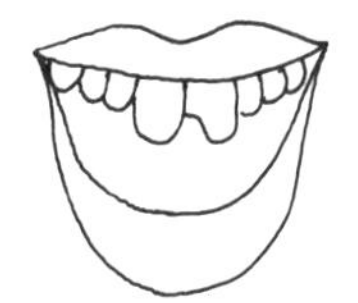

⑤부모와 일찍 떨어져 산다

⑥형제사이가 원만치 못하다

〈그림 50〉

〈그림 51〉

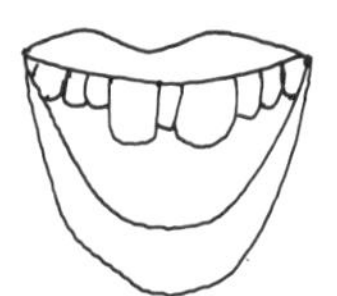

⑦고집이 세다

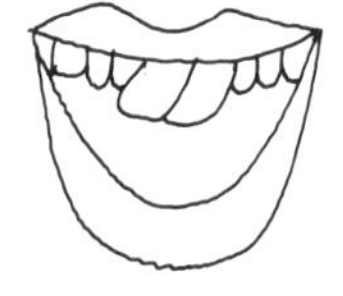

⑧허풍이 세다

에 들어 있지 않아 부모님이 집을 팔아서 빚을 갚았다는 얘기를 들었습니다. 이 사이가 벌어져서 꼭 그렇게 되었다고 단정하는 것은 아니지만 상학에서는 그렇게 보고 있습니다.

앞니가 옆으로 휘면 허풍이 세다

〈그림 50〉의 ⑤와 같이 앞니의 한쪽 끝이 떨어져 나간 사람이 있습니다. 이것도 후천적으로 이를 잘못 관리했기 때문에 부러져나간 모양입니다. 이런 사람은 결혼전부터 부모와 떨어져 사는 운세를 지니고 있다고 합니다.

이런 이는 그리 흔하지 않은데 ⑥처럼 앞니가 두 개 다 송곳니처럼 뾰족한 사람은 성격이 난폭하다고 합니다. 형제 사이도 원만하지 않고 의리도 적어 남을 배신하기 쉬운 사람 가운데 이런 치상이 많이 있다고 보고 있습니다.

〈그림 51〉을 보십시오.

⑦처럼 앞니 사이에 작은 이가 난 사람이 있습니다. 이런 치상은 대단한 옹고집으로 친구나 친척과도 잘 사귀지 않아 좋게 얘기하면 고고한 사람이라고도 할 수 있겠지만 나쁘게 얘기하면 사람을 싫어하는 타입입니다. 그대신 자기가 좋아하는 사람에게는 누가 뭐라해도 끝까지 뒷바라지해 주는 고집이 있습니다.

⑧처럼 앞니 두 개가 옆으로 휘어 있는 사람이

있습니다. 이런 사람은 허풍이 센 성격이라고 하는데 침소봉대(針小棒大)해서 말하는 습관이 있으므로 자연 인간적인 신용도도 떨어지기 쉽습니다.

이가 잘고 가지런한 사람은 이기적이다

〈그림 52〉의 ⑨를 보십시오. 이것은 앞니 두 개가 겹쳐서 난 모습입니다. 이런 치상은 집념이 강한 타입으로 끈기가 있고 무슨 일에나 초지관철형(初志貫徹型)입니다. 특히 윗니가 입 안쪽으로 휘어 있는 경우는 극히 집념이 강해서 한번 모욕을 당하면 일평생 잊지 않는 무서운 성격이라고 합니다.

⑩처럼 이가 한결같이 잘게 난 사람이 있습니다. 앞니건 송곳니건 비슷하게 보일 정도인데 이런 사람은 아주 이기적인 성격을 갖고 있다고 합니다. 대체로 남을 위해서 돈을 쓰는 일이 거의 없으므로 남들이 〈노랭이〉라고 부르기 쉽습니다. 그러나 그런 사람이 실속은 있어서 재산을 착실하게 장만하는 타입입니다.

앞니는 다른 이보다 두 개만 크게 나 있는 것이 보통입니다. 그러나 〈그림 53〉의⑪처럼 커다란 앞니가 가지런히 셋이나 나 있는 사람이 있습니다. 이런 치상은 돈 들이지 않고 남의 것을 얻기 좋아하는 성격이라고 하는데 도벽도 있다고 하니 평소 유의해야 할 치상입니다. ⑫처럼 앞니 사이에 송곳니가 나 있어 앞니가 세 개 있는 것처럼 보이는 사람도

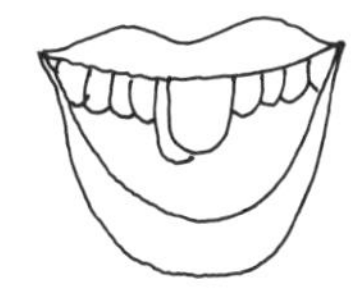

〈그림 52〉

⑨ 집념이 강하다

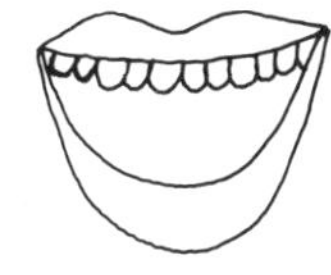

⑩ 이기적이다

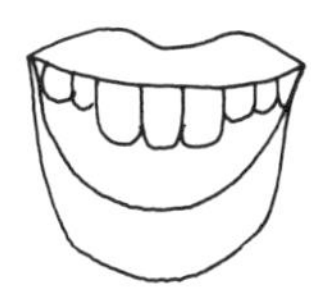

〈그림 53〉

⑪ 공짜를 좋아한다

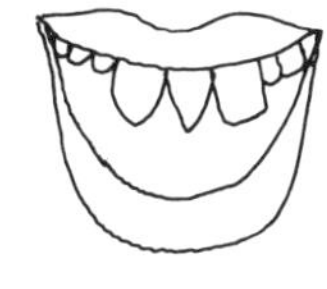

⑫ 감성적이다

있습니다. 치상에서는 이것을 '황음(荒淫)의 상'이라 하여 남녀를 불문하고 성감이 발달되어 있다고 보고 있습니다.

지금까지 가지런하지 않은 이의 대표적인 것 몇 가지를 가려서 설명드렸습니다. 이 글을 읽으시는 분 가운데는 자기와 상관있는 부분이 좋지 않다고 쓰여 있을 때 특별히 불쾌하게 생각하는 분들도 있을 것입니다. 그러나 그렇게 생각하실 필요는 전혀 없습니다. 관상이란 예로부터 내려오는 통계 같은 것과 발상이 한데 어울려서 전해 내려오는 것에 불과합니다. 백이면 백, 꼭 그렇게 된다고 걱정하실 필요는 없습니다. 어느 한 부분부분에 그런 뜻이 담겨져 있다는 것뿐이지 확률적으로 상당한 차이가 있는 것입니다. 그리고 관상은 얼굴 전체를 종합적으로 판단하는 것입니다.

실제의 운세는 오히려 그때그때의 얼굴에 나타나는 색(色)이 중요한 의미를 갖고 있는 것입니다. 이것을 상학에서는 〈찰색(察色)〉이라고 부르는데, 이를테면 사람이 죽기 직전에는 사색(死色)이 된다는 식입니다.

프로 레슬링을 보듯 재미삼아 읽다가 좋은 것은 그렇다고 여기고, 나쁜 것은 예외가 많다고 여겨 주십시오.

턱에 대하여
턱은 손아랫사람과 만년운을 본다

하관(下觀)이 좋아야 만년운이 좋다
턱에 점이 있으면 이사를 자주 다닌다
턱이 네모진 사람은 집념이 강하다
턱이 앞으로 튀어나온 사람은 정력적이다
〈가지볼〉이 나와 있는 사람은 부하덕이 있다
이중턱은 대개 만년운이 좋다
볼이 통통한 여자는 젖가슴도 풍만하다
〈보조개〉가 패인 여성은 만년에 고독할지도

턱

턱은 손아랫사람과 만년운을 본다

하관(下觀)이 좋아야 만년운이 좋다

턱을 상학에서는 〈지각(地閣)〉이라고 해서 글자 그대로 토지나 집[住居]에 관한 일들을 판단합니다.

요즈음은 〈머슴〉이 없어진 세상이긴 하나, 턱의 좌우(사진 61의 ★표자리)는 별도로 '노복궁(奴僕宮)'이라고 부르는데 여기서는 손아랫사람(부하)과의 관계를 봅니다.

또 얼굴 전체 가운데 맨 아랫쪽에 위치해 있으므로, 만년의 운세를 보기도 합니다. 그리하여 중년 이후의 사람에게는 턱이 중요한 판단의 포인트가 되는 곳입니다.

노인들이 잘 쓰는 말에 〈하관(下觀)〉이라는 말이 있습니다. 얼굴의 아랫부분을 얘기하는 것입니다. 양 볼과 턱에 살이 없고, 깡마르거나 뾰족한 사람을

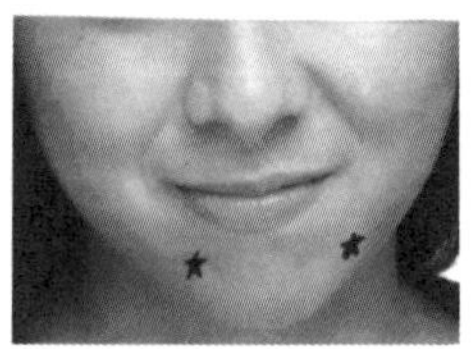

〈사진 61〉
턱의 좌우는 노복궁(奴僕宮)이라 하여 손아랫사람과의 관계를 나타낸다

〈사진 62〉

서독의 콜 수상.
양 볼에 살이 있고 턱에도 살집이
풍만한 하관이 좋은 상이다

'하관이 바르다'고 하고 반대로 양 볼에 살이 있고 턱에도 살집이 풍만한 사람보고는 '하관이 좋다'고 얘기합니다. 〈사진 62〉를 보십시오. 서독의 콜(Kohl) 수상입니다. 얼마나 하관이 좋게 보입니까?

한마디로 얘기해서 '하관이 좋은 사람'으로 턱에 점이나 흠이 없는 사람이 운세가 좋다는 것입니다. 이런 사람은 자기를 위해 일하고 떠받쳐 줄 좋은 부하가 있어 크게 성공할 상입니다.

사회생활을 하면서 어느정도 나이도 들고 지위도 올라가면 무엇보다도 자기를 보좌해 줄 좋은 부하가 있어야 순조롭습니다.

이세상은 자기만 똑똑하다고 일이 다 잘되는 것이 아닙니다. 부하들이 실적을 제대로 올리지 못하고 사고를 자주 내게 되면 언제나 윗사람의 지휘 책임이 뒤따르고 탄탄했던 기반도 흔들리게 되는 것입니다.

그런 면에서 좋은 보좌역, 좋은 부하가 절대 필요합니다. 그래야 만년의 운세도 좋아지는 것입니다. 반대로 하관이 바르거나, 턱 좌우에 점이나 흠이 있는 사람은 이상스럽게 자기가 믿을 만한 심복부하도 별로 없을 뿐더러 오히려 자기가 정성껏 돌보아 준 부하에게 배신을 당하거나 또 별로 관계도 없는 아랫사람에게 이용을 당하는 수도 있다고 합니다.

그런 사람은 어느 정도 아랫사람에게 주의를 하고 사는 것이 좋겠습니다.

턱에 점이 있으면 이사를 자주 다닌다

턱 한가운데 점이 있는 사람이 있습니다. 이런 사람은 집을 장만하는데 무척 힘이 들고, 이사를 자주 하게 된다는 상입니다.

한창 부동산 경기가 좋을 때에는 은행에 저당잡힌 집을 사놓으면 은행이자보다 몇 배나 이득이 있는 게 상식이나 어쩌다 그렇게 집을 장만하고 보면 좀체로 집값이 오르지를 않는 경우가 있습니다. 무리한 이자 때문에 집을 팔려고 내놓아도 살 사람이 마땅치 않아 속을 썩이게 됩니다. 그리하여 밑지고라도 억지로 팔고 나면, 이상스럽게 집값이 오르기 시작합니다. 남들은 집을 두세 번 옮겨서 재미를 보았다는데, 비쌀 때 사고 쌀 때 파는 식으로 싸이클이 뒤바뀌어 오히려 손해를 보고 마는 것입니다.

억지로는 잘 되지 않는 것이 운세인 것 같습니다.

그러나 사람의 얼굴이란 자꾸 바뀌기 마련입니다. 근본적인 바탕은 그냥 있지만 살이 찌거나 빠지고 이마가 벗겨지거나 주름이 생기거나 하는 것은 세월이 흐르면서 변모해갑니다. 따라서 운세도 바뀌어 가는 것입니다.

얼마전까지도 턱이 뾰족하고 볼에 살이 없던 사람이 하관이 좋아지면서 운세가 피기 시작하는 경우는 주위에서 얼마든지 볼 수 있습니다.

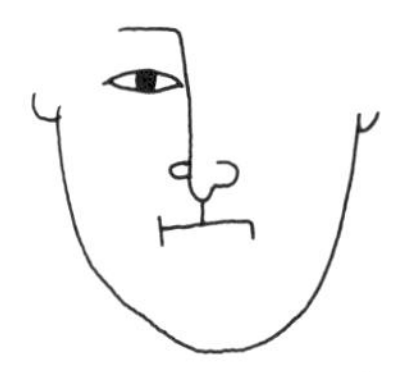

〈그림 54〉

턱이 나타내는 성격과 운세

① 둥근형으로 매우 가성적이다

② 뾰족하고 긴 형으로 이지적이다

〈그림 55〉

③ 네모진 형으로
성격이 완고하다

턱이 네모진 사람은 집념이 강하다

턱은 의지력과 인내력 등 성격이 많이 나타나는 곳입니다.

〈그림 54〉를 보아 주십시오.

①은 턱이 둥근형입니다.

턱이 둥근 사람은 생각하는 것도 원만하고 착실하게 일생을 살아가는 타입입니다. 사랑과 정이 깊고 가정적이며 남의 뒷바라지도 잘 하기 때문에 주위사람들에게 사랑을 받습니다. 결혼생활에 있어서도 좋은 배우자를 만나 부부관계도 원만하게 유지해가는 사람입니다.

②처럼 턱이 뾰족하고 긴 사람은 이지적이고 감각이 예민한 타입입니다. 그러나 어찌된 일인지 운세는 좋지 않은 편이라 애정면에서도 복받지 못해 쓸쓸한 가정생활을 하는 경우가 많다고 합니다.

〈그림 55〉의 ③처럼 턱이 네모나게 생긴 사람은 성격이 완고하고 남에게 지기 싫어하는 성격을 갖고 있습니다. 운동선수 가운데는 이런 사람이 대성하는 수가 많은데 너무 고집이 세서, 때로는 남에게 미움을 받기도 하는 상입니다.

턱이 네모난 사람은 한번 받은 수모나 굴욕적인 일은 결코 잊지를 않는다고 합니다. 집념이 강하면서도 섬세한데까지 신경을 잘 쓰는 성격이라 할 수 있습니다. 이렇게 턱이 네모진 사람은 반드시 골반도 퍼져 있다고 하는데 사실인지 그 여부는 확인하지 못했습니다. 이러한 사람은 남자도 여자처럼 골반이 넓다고 합니다.

④처럼 턱이 넓은 형은 턱이 큰 데다가 아랫입술부터 턱 끝까지의 길이가 긴 것으로, 작고하신 우리나라의 유명한 정치인 가운데도 이런 분이 있었습니다.

이런 타입은 대단한 자신가로 의협심도 강하며 대체로 애처가라고 합니다. 그리고 무엇보다도 믿을 만한 부하가 많이 따르는 보스(Boss)형입니다.

④넓은 형으로 애처가 타입이며 (Boss)형이다

〈그림 56〉

턱이 앞으로 튀어나온 사람은 정력적이다

턱이 길면서 턱끝이 뾰족한 사람이 있습니다.

여성인 경우 〈사진 63〉처럼 보이는 사람은 얼핏 보기에 성깔이 있어 보이지만 내심은 순하고 사람이 좋습니다. 부모형제들을 위해 정성을 다하는 타입이며, 남에게 대하는 태도가 한결같습니다.

턱을 옆에서 보면, 목쪽으로 경사진 턱과 앞쪽으로 경사진 턱이 있습니다.

〈그림 56〉의 ⑤가 목쪽으로 경사진 턱입니다.

이런 타입은 성격이 감정적이라 희노애락을 극단적으로 나타내는 경향이 있다고 합니다. 또한 참을성이 없으며 다소 감상적인 데가 있는 사람입니다. 그리하여 미술이라든가 음악같은데 센스가 있고 여러 가지 취미와 재주를 갖고 있는 타입입니다. 그러나 턱은 만년의 운세를 나타내는 곳이므로 이런 타입은 만년에 고독한 운세라고 합니다.

⑤목쪽으로 경사진 형으로 감정적이다

⑥돌출형은 정열적이다

〈사진 63〉

턱이 길면서도 뾰족한 사람은
사람을 대하는 태도가 늘
한결같다

〈사진 64〉

턱이 앞으로 튀어나온 상으로
몹시 정열적이며 맡은 일에 열중
하는 타입이다

⑥처럼 턱이 앞으로 튀어나온 사람이 있는데 그러한 사람은 몹시 정열적이며 자기가 맡은 일에 열중하는 타입입니다.(사진 64)

턱은 옆에서 보아 살집이 나와 있으면 나와 있을수록 정열가 타입입니다. 다만 이런 턱을 가진 남성 가운데는 아내에게 폭군적인 기질을 발휘하는 사람도 상당히 있다고 합니다. 역사적인 인물로는 나폴레옹이나 뭇소리니 등이 이런 턱을 가졌다고 합니다.

〈가지볼〉이 나와 있는 사람은 부하덕이 있다

우리는 그저 턱이라고 부르지만 턱은 두 부분으로 나눌 수가 있습니다. 하나는 앞의 턱(턱주가리), 즉 우리가 보통 얘기하는 턱을 말하며 다른 하나는 우리가 양손으로 턱을 받치고 앉았을 때 닿은 부분을 말합니다.(사진 65 참조)

영어로는 물고기의 〈아가미〉란 뜻으로 〈브랭키어(Branchia)〉 또는 〈길(Gill)〉이라 쓰고, 일본말로는 〈에라〉라고 부르는데 유감스럽게도 우리말로는 마땅한 이름이 없는 것 같습니다.

어떤 유식한 노인에 의하면 그것을 우리말로는 〈가지볼〉이라고 부른다고 하나 유감스럽게도 『우리말 큰 사전』에는 그런 낱말이 없었습니다.

어쨌든 여기서는 이 부분을 〈가지볼〉이라고 부르도록 합시다.

턱, 특히 〈가지볼〉이 꼭 짜여져 있는 남성은 가슴 둘레도 넓다고 합니다. 턱이 튼튼하면 대체로 폐와 심장도 튼튼하다고 보는 것입니다.

〈가지볼〉에는 대체로 세 가지 타입이 있습니다. 〈그림 57〉을 보아 주십시오.

①처럼 보이는 것이 이상적입니다.

이런 상을 가진 사람은 자기가 직접 나서지 않더라도 사람을 부려서 성공한다는 상입니다. 해방후 일본 정계를 이끌어왔던 요시다(吉田茂) 수상이 이런 상이었다고 합니다. 이런 가지볼에다 볼에 살집이 풍만하면 그야말로 ‘앉아서 만기(萬機)를 주무르는’ 복상(福相)입니다.

그러나 ②처럼 가지볼이 너무 뒤쪽으로 당겨져 있는 사람은 과격한 성격을 가지고 있는 상입니다. 보통때는 남을 잘 돌보아주기도 하지만 일단 자기와 이해관계가 얽히면 말할 수 없이 과격한 행동을 할 수도 있는 상이라고 합니다.

〈사진 65〉
영화 「로마의 휴일」의
오드리 햅번
가지볼이 나와 있음을 볼 수 있다

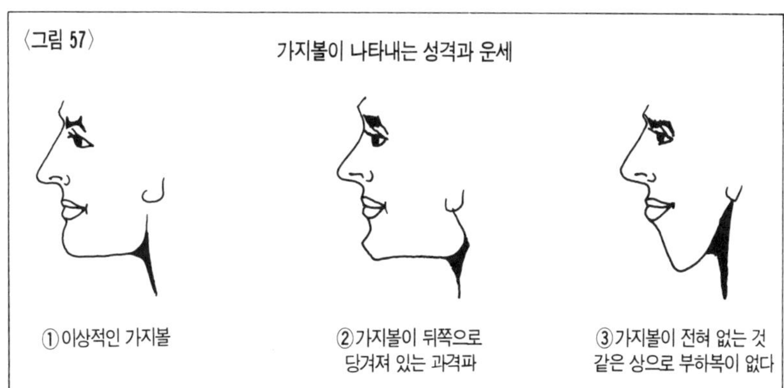

③처럼 가지볼이 전혀 없는 것처럼 보이는 사람이 있습니다.

이런 사람은 자기를 떠받쳐줄 보좌역이나 부하복이 없다고 합니다. 보통때는 잘 드러나지 않지만 사업이 잘 안되거나 일이 어려워질 때 보면 자기를 도와줄 부하가 마땅치 않다는 것입니다.

이중턱은 대개 만년운이 좋다

대체로 가지볼이 나와 있는 사람은 목소리가 아름답다고 합니다. 목소리가 쉬거나 잘 갈라지지 않는 낭낭한 목소리입니다. 또 가지볼이 나와 있는 사람은 입이 무거워서 비밀을 잘 지킵니다. 여성도 마찬가지입니다. 그러나 가지볼이 전혀 없는 것같이 보이는 사람은 꼭 지켜야 할 비밀 같은 것도 쉽게 내뱉는 체질을 갖고 있다고 합니다. 사람이 경솔해서가 아니라 체질이 그런 것입니다. 가지볼이 나와 있는 여성은 선천적으로 〈명기(名器)의 체질〉을 갖추고 태어났다는 설이 있습니다.『색정상법』이란 특수한 상법책에 의하면 이런 여성은 생식본능이 완벽해서 〈여성 자신〉의 수축운동이 무의식적으로 일어난다는 설입니다. 이러한 수축운동은 정자를 될 수 있는 대로 자궁 깊숙이 보내려는 자연적인 작용으로 이른바 '지렁이 천마리'가 수물거리는 것 같은 상태가 된다는 것입니다. 체질이 그렇다는 애기이므로 굳이 다른 일과 결부시켜 생각할 필요는 없습니다.

턱이 이중(二重)으로 되어 있는 사람이 있습니다. 소위 〈이중턱〉을 말하는데 여성으로 턱이 이중으로 보이는 사람은 대체로 살결이 희다고 하며, 몸이 마른 사람이라도 서른이 지나면서 살이 찔 타입이라고 합니다.

이런 사람은 이 이중턱의 경계가 분명하게 보일 때는 운기(運氣)가 오름세를 보이지만, 경계가 희미해지면 내리막길로 향하는 모양인데, 대개는 만년운이 좋다고 되어 있습니다. 그러나 턱이 작고 빈약한 사람은 만년에 고독하게 지내는 운세라고 합니다. 여성의 경우 남편복이 좋지 않은 〈그늘 타입〉이 많다는 것입니다.

〈그림 58〉처럼 턱이 뾰족하며 볼 위에 올라앉아 있는 것처럼 보이는 여성이 있습니다.

이런 여성은 성적으로 적극성을 띤 체질이며 남편과 일찍 사별하는 운세도 지니고 있다고 합니다.

〈그림 58〉

턱이 뾰족하며 볼 위에 올라앉아 있는 것 같은 그늘 타입으로 남편복이 좋지 않다

볼이 통통한 여자는 젖가슴도 풍만하다

턱의 운세에 곁드려서 볼에 대해서도 조금 살펴보도록 합시다.

볼은 여성의 표정을 읽는데 결정적인 포인트가 됩니다. 무안을 당하거나 부끄러울 때 얼굴이 빨개지는 것은 볼의 면적이 큰 비중을 차지하고 있기 때문입니다. 기쁜 일을 당하거나 근심된 일을 당할 때 희노애락을 감추지 못하는 곳도 역시 볼이라고 합니다.

볼의 선은 경우에 따라 눈이나 콧대와 마찬가지로 여성의 아름다움에 크게 이바지하는 것으로, 볼의 통통한 살과 부드러운 선은 그것만으로도 여성적인 아름다움의 상징이라 할 수 있습니다.

그런데 볼은 영양의 탱크이기도 합니다. 영양이 좋을 때는 볼이 통통하지만, 영양이 나빠지면 우선 볼의 살이 빠지거나 푹 꺼지기 마련입니다.

여성으로 볼이 풍만한 사람은 바스트도 크다고 합니다. 본래 여성은 아이를 낳고 젖을 먹여 기르지 않으면 안되기 때문에, 아이를 위해서도 영양을 저장하지 않으면 안됩니다. 따라서 영양탱크인 볼이 풍만한 사람은 젖가슴도 풍만하다는 이치입니다. 일반적으로 아이를 낳고도 젖이 모자라 우유를 먹이는 여성은(일부러 그러는 경우는 별개입니다만) 대개 볼이 풍만하지 못하다고 합니다. 그러나 볼이 풍만하다고 해서 광대뼈가 높아 그렇게 보이는 것은 전혀 관계가 없습니다.

볼이 풍만하다는 것은 어디까지나 볼의 살집이 풍만한 사람을 말하는 것입니다. 남성도 볼의 살이 없고 푹 꺼진 사람은 큰 사업을 하기 어렵다고 합니다. 특히 이마가 넓고 시원한데 볼의 살이 없어 하관이 바른 사람은, 초년에는 남보다 일찍 출세를 할지 모르지만 만년에는 일이 잘 되지 않아 고독한 삶을 보내기 쉽다고 합니다. 이것은 부하가 잘 따르지 않는 상으로, 잔일에 신경을 쓰고 관대하지가 못하기 때문입니다.

언론계 선배 중에 일찍이 출세를 거듭한 끝에 자기 고향에서 국회의원까지 지낸 분이 있는데 그분의 이마를 보면 초년운이 그럴 수 없이 잘 타고났음에도 불구하고 50세가 지나면서부터는 아무리 국회의원을 다시 해보려고 노력해도 끝내 이루지 못한 채 세상을 떠나고 말았습니다. 턱도 작고 볼이 푹 패여 있어 하관이 상대적으로 너무 빈약한 분이었습니다. 맞대놓고 운이 지났다는 얘기를 해드리고 싶었지만 그럴 수도 없는 일이고 해서 '그까짓거 편하게 여생을 보내시지 왜 사서 고생을 하시려고 그럽니까?'하고 농담섞인 조언을 했던 기억이 납니다.

상학에서 지적하는 운세는 어느정도 얼굴에 쓰여 있다는 것을 실감했습니다.

〈보조개〉가 패인 여성은 만년에 고독할지도

여성으로 볼의 살이 푹 꺼져 있는 사람은 감정적인 성격이 많고, 눈앞의 일만 생각하거나 툭하면 남을 원망하기 쉬운 성격이 많다고 합니다.

또 볼에 〈보조개〉가 패인 여성이 있습니다.

어렸을 때는 귀엽게 보이는 상입니다.

옛날에는 '백만불짜리 보조개'란 말이 유행했듯이 보조개는 한때 미녀의 대명사처럼 불린 시절도 있었습니다.

상학에 의하면 보조개는 젊었을 때는 재능을 인정받고 세상에 유명해질지 몰라도 만년에는 고독하게 지내기 쉽다고 합니다.

'하늘은 두 가지 복을 한꺼번에 주시지 않는다'는 말이 있습니다.

세계적으로 유명한 사람 중에는 트루먼이나 닉슨 대통령처럼 딸만 있는 사람들도 많고, 미인은 박명이라는 설도 있습니다. 어는 한쪽이 넉넉하면 다른 한쪽은 기울 수도 있는 것입니다.

보조개를 가진 미인들은 기분을 언짢게 가질 것이 아니라 만년에 대비해서 알뜰한 생활설계를 꾸며나가면 걱정할 것이 없는 것입니다.

손으로 보는 당신의 미래
생활습성으로 운세를 바꾼다

손으로 보는 당신의 미래

손에도 얼굴만큼 표정이 있다

손바닥을 보고 건강을 짐작할 수 있다
손에도 여러 가지 표정이 있다
왼손은 선천적, 오른손은 후천적 운세를 본다
돈 씀새는 손을 내보일 때 알 수 있다
손이 큰 사람은 〈보스(Boss)〉기질이 있다
친근미를 가질 때는 손바닥을 보인다
엄지손가락이 길면 신중하고 행동력이 있다
엄지손가락이 가늘면 의지가 약하다
엄지손가락이 젖혀지면 노름을 좋아한다
집게손가락이 뾰족하면 어학에 소질이 있다
가운뎃손가락의 둘째마디가 길면 식복이 있다
가운뎃손가락이 휘어 있는 사람은 의타심이 높다
가운뎃손가락이 너무 긴 남성은 조심할 것
약손가락이 긴 남성은 예술적인 천분도 있다
새끼손가락이 긴 여성은 자식복이 있다
새끼손가락 끝이 길면 말을 잘한다
손이 찬 여성은 마음이 따뜻하다

손

손에도 얼굴만큼 표정이 있다

손바닥을 보고 건강을 짐작할 수 있다

"그 오른손에는 장수(長壽)가 있고, 그 왼손에는 부귀(富貴)가 있나니……."

이 글은 수상(手相) 책에 있는 것이 아닙니다. 구약 성경(잠언 3장 16절) 속에 나오는 이스라엘 왕 솔로몬의 잠언입니다.

사람들이 손을 보고서 그 사람의 성격이나 운명을 판단하는 풍습은 동양이나 서양할 것없이 오랜 역사가 있습니다. 특히 18세기부터 19세기에 걸쳐 유럽에서는 '점(占)으로서의 수상술(手相術)'이 유행하여, 1891년에 오스카 와일드가 쓴 『아더사빌경(卿)의 범죄』 같은 소설도 이것이 작품의 테마로 되어 있습니다.

20세기에 들어오면서부터 수상은 운세 판단과는 다른 분야, 이를테면 심리학이나 의학, 인류학의 입장에서 연구되기 시작했습니다. 특히 미국 필라델피아 대학 의학부의 데오돌 베리 박사가 「손에 의한 건강진단법」을 발표한 이래, 세계 각국에서는 이와 비슷한 연구가 활발히 진행되고 있습니다.

영국의 옥스포드 대학에서는 「선천성(先天性)의 이상(異常)과 수상(手相)과의 관련」을 조사하고 있는 학자가 있는가 하면 미국의 미시간 대학의 헤롤드 F·홀스 박사는 「심장병과 수상(手相)의 관련」을 들어 1941년의 국제유전학회에서 발표해 화제가 된 일도 있습니다.

필자의 오랜 친구 가운데 근래 간이 좀 나빠졌다고 병원 신세를 지고 있는 사람이 있습니다. 이 친구는 일요일이면 서울 근교의 산에 올라가 간단히 점심을 해먹고 내려오는 취미가 있었습니다. 물론 함께 등산하는 친구들도 10여 명이나 됩니다. 어느 날 그 중에서 어느 종합병원의 내과 과장으로 있는 친구가 이렇게 말했습니다.

"너 내일 병원에 와서 진찰 한번 받아 봐라."

이 의사는 그 친구의 손바닥을 보았던 것인데 의사들의 말에 의하면 간이 나쁜 사람 가운데 손바닥에 늘 붉은 반점들이 가시지 않는 경우가 많다는 것입니다. 아닌게아니라 그 친구는 자주 피로감을 느껴 왔으며, 진찰결과 치료를 받아야 되겠다는 병세가 밝혀졌습니다.

손에도 여러 가지 표정이 있다

특별히 병세를 판단할 수는 없지만 손의 동작만으로도 그 사람의 몸의 컨디션이나 성품을 아는 방법은 얼마든지 있습니다.

〈그림 59〉는 남자들이 명함을 내밀 때의 손의 표정들입니다. ①은 엄지손가락이 뒤로 젖혀질 만큼 힘이 들어 있는 사람의 손입니다. ②는 엄지손가락이 구부러진 채, 힘없이 명함을 내미는 사람, ③은 새끼손가락을 쭈욱 뻗고 내미는 사람의 손입니다.

엄지손가락과 새끼손가락만 보고 있어도 이렇게 손의 표정이 다릅니다.

①처럼 엄지손가락에 힘이 넘치는 모양으로 명함을 내미는 사람은 우선 몸의 컨디션이 좋고, 자기가 하는 일에 긍지를 갖고 있으며, 일도 잘 풀리고 있는 것으로 판단할 수 있습니다. 다만 이런 타입은 일반적으로 자신이 넘치기 쉬워 일을 오히려 그르칠 수도 있다고 합니다. 그러나 어쨌든 직장에서 일을 시원시원하게 해치우고 〈밤일〉도 〈낮일〉 못지않게 정열적인 사람이라고 볼 수 있습니다.

②처럼 엄지손가락을 구부리고 힘없이 명함을 내미는 사람은 몸의 컨디션이 별로 좋지 않거나 상대방에게 경계심을 갖고 있는 사람에게 많이 나타나는 현상입니다. 이런 타입의 사람에게 명함을 받았을 때는 이쪽에서 친근감을 갖게 얘기를 걸어 상대방의 경계심을 풀어줄 필요가 있습니다.

또 ③처럼 새끼손가락만 쭈욱 뻗고 명함을 내미는

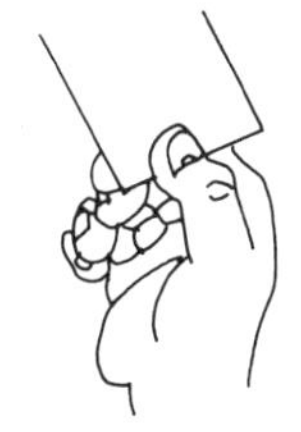

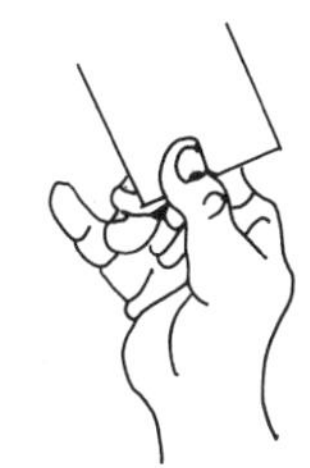

〈그림 60〉

깍지를 끼어서 엄지손가락이 아래로 깔린 손쪽을 본다

타입은 여성에게 많이 나타나고 있는데 남성으로 이렇게 명함을 내미는 사람 중에는 신경질적이거나 내성적인 사람이 많은 편입니다. 좋아하는 사람과 싫어하는 사람의 구별이 심해서 한번 싫어하기 시작하면 다시는 사귀기 어려운 타입입니다.

이와 같이 사람의 손을 보고 성격이나 운명을 판단하는 방법에는 손바닥의 금[線]을 보지 않고 손의 크기나 모양 또는 동작 등으로 보는 방법이 있습니다. 수상술이 발달된 프랑스에서는 손바닥의 금을 중심으로 판단하는 일반적인 수상술을 키로망시(Chiromancie)라 하고 손의 모양이나 크기 등을 중심으로 판단하는 수상술을 키로노미(Chirognomie)라고 구별하고 있는데 여기서는 〈키로노미〉방법에 의해서 손에 쓰여 있는 성격과 운세를 살펴볼까 합니다.

왼손은 선천적, 오른손은 후천적 운세를 본다

농담삼아 '손금 보아드릴까요'라고 얘기하면 대개는 이렇게 대꾸를 합니다. '왼쪽인가요 오른쪽인가요. 남자는 왼손이고 여자는 오른손을 본다지요.'

누구나 수상에 대한 최소한의 상식 같은 것은 갖고 있는 모양입니다. 그러나 전문적인 입장에서 본다면 좌우 양손을 비교해서 보는 것이 이상적이라고 할 수 있습니다.

〈그림 60〉을 보십시오.

우선 그림처럼 양손의 깍지를 끼어 오른손 엄지손가락이 맨 위로 올라오면 반대쪽인 왼손, 왼손 엄지손가락이 위로 올라오는 사람은 그 반대쪽인 오른손으로 지금의 운세나 몸의 컨디션을 보는 것이 가장 좋은 방법입니다. 또 손가락의 지상(指相)을 보는 경우, 엄밀히 말하자면 왼손은 선천적인 운명, 오른손은 후천적인 운세를 나타냅니다. 그러나 여기서는 특별한 단서가 없는 한 모든 것을 왼손 기준으로 생각하면 됩니다.

돈 씀새는 손을 내보일 때 알 수 있다

손금을 봐 달라고 별생각 없이 손바닥을 펴 보일 때에도 모양이 다릅니다. 〈그림 61〉의 ①처럼 엄지손가락을 둘째손가락(人指)에서 떨어뜨린 채 내미는 사람이 있는가 하면 ②처럼 엄지손가락을 둘째손가락에 가지런히 붙여 내미는 사람, ③처럼 손가락을 모두 펴 내보이는 사람이 있습니다.

①처럼 엄지손가락을 떨어뜨린 채 내미는 사람은 성격이 활달하고 돈 씀새도 좋습니다. 10만 원을 번다면 9만 원을 쓰는 타입이라 할 수 있겠지요.

②처럼 엄지손가락을 무의식적으로 다른 손가락에 붙여 내미는 사람은 어렸을 때 부모에게 특별히 귀염받고 자란 사람으로 왼손이 그렇다면 특히 그렇다고 말할 수 있습니다. 하지만 엄지손가락을 붙여 내미는 것이 후천적 버릇이 되어 있는 사람은 조심

〈그림 61〉

손바닥을 펴 보일 때의 성격

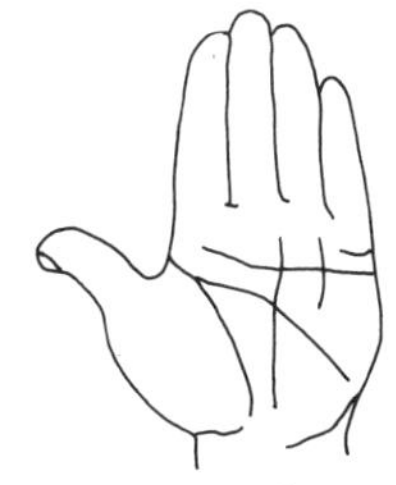

① 엄지손가락을 펼쳐 내밀면 성격이 활달하다

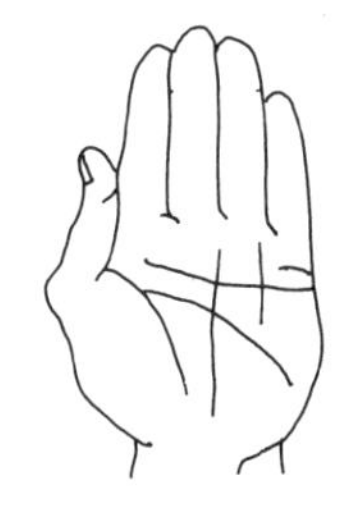

② 엄지손가락을 붙여 내밀면 성격이 소심하다

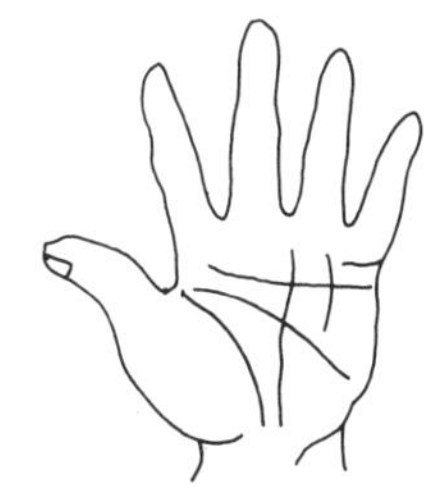

③ 손가락을 모두 펼쳐 내밀면 화끈한 성격의 소유자다

스러운 성격을 나타낸다고 합니다. 소심하고 구두쇠적인 성격을 갖고 있으며 독립심 또한 그리 강한 편이 아니라고 합니다. 직업적으로도 사업을 벌이는 것보다 공무원이나 은행원 등 견실한 직업에 맞는 타입입니다. 남달리 일찍 출세는 하지 못하더라도 월급봉투를 매달 또박또박 집에 가져오는 〈마이홈주의〉 남편감으로 10만 원을 번다면 5만 원만 쓰는 타입이라 할 수 있습니다.

③처럼 손가락을 모두 펼쳐 내보이는 타입은 생기는 대로 다 써버리고 외상까지 지기 쉬운 화끈한 성격의 소유자입니다. 경험에 의하면 이상스럽게도 밤업소의 호스티스 가운데 이런 타입이 많습니다. 10만 원을 벌면 10만 원 이상을 쓰게 되므로 돈이 모아지지 않는 게 당연하다고 시인을 하면서도 그걸 고치지 못하겠다는 데 애교가 있습니다.

극히 드문 경우지만 엄지손가락을 손바닥쪽으로 구부린 채 내미는 사람이 있습니다. 이런 사람은 경제 관념이 너무 강해서 정신면보다는 물질에 집착하는 타입입니다.

구두쇠의 대표적인 사람으로 꼽히는 필자의 외조부(外祖父) 같은 분은 아예 엄지손가락을 손바닥에 감춘 채 주먹을 쥔 모습으로 일생을 사셨다고 합니다. 어려서 부모를 여의고 고생 끝에 자수성가를 한 분입니다. 경기도 고랑포 땅에서 일제시대에 쌀농사로 천 석(千石)쯤 했다고 들었습니다.

이분은 좀체로 주먹을 펼쳐 보이는 법이 없어, 마을의 소작인들은 영감님이 항상 무언가를 쥐고 다니시는 줄로 여겼을 정도랍니다. 그런데 해방이 되자 그 땅이 38선 윗쪽 이북이 되어 이듬해 군(郡) 인민위원회는 이 노인을 악덕 지주로 몰아 전 재산을 몰수해 버렸습니다. 80이 넘어 무일푼이 되어버린 외조부님은 홧김에 그길로 38선을 넘어 서울까지 걸어오셨습니다. 하지만 일주일 만에 그만 세상을 떠나고 말았습니다. 그당시 국민학교 6학년 때라 잘 기억이 나지 않지만 맏딸이었던 어머니의 말씀을 들어보면 외조부께서는 우리 집에 당도하자마자 양손을 활짝 펼치시면서 '애야 난 이제 망했다'라고 외치면서 쓰러지셨다고 합니다. 맏딸인 어머니조차도 외조부님의 손 편 모습을 그때 처음 보았다고 하니 어느정도인지 짐작할 만합니다.

손이 큰 사람은 〈보스(Boss)〉 기질이 있다

〈그림 62〉를 보십시오.

손모양이 어떻게 생겼든지간에 손바닥을 내보일 때 ①처럼 손금이 단순하게 되어 있는 사람이 있는가 하면 ②처럼 복잡한 사람이 있습니다. 거미줄처럼 자잘한 금들이 얽히고 설켜 있는 모양입니다. 이런 것은 꼭 손바닥을 펴지 않더라도 명함 정도를 주고받을 때 슬쩍 보면 알 수 있는 것입니다.

대체로 ①과 같이 손금이 단순한 타입은 남성에게 많고 ②처럼 잔금이 많은 타입은 여성에게 많이 나타나고 있습니다. 남성 가운데도 ②처럼 잔금이

〈그림 62〉

손금으로 살펴본 성격

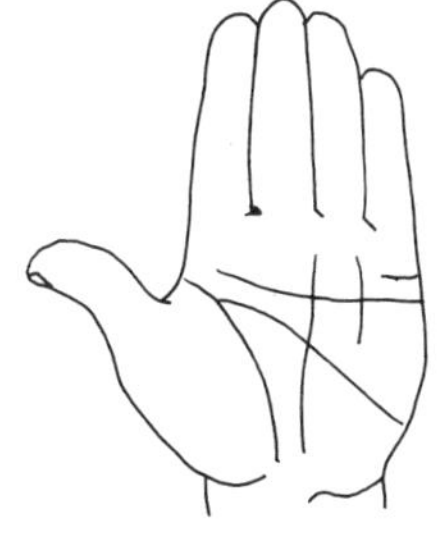

① 손금이 단순하면 남성적이다

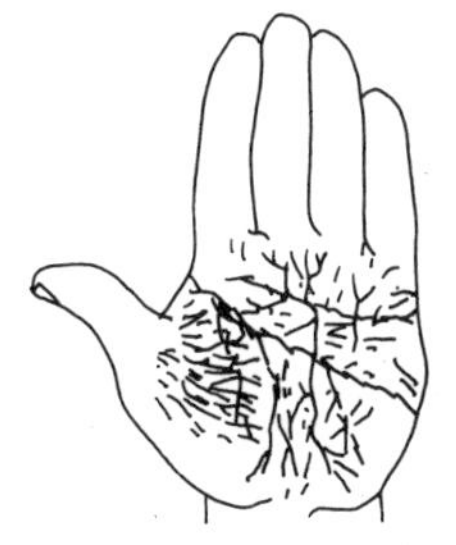

② 거미줄처럼 잔금이 많으면 여성적이고 섬세하다

많은 사람은 성격도 여성적이며 신경질적이거나 섬세한 감정의 소유자라 할 수 있습니다. 반대로 여성 가운데서도 손바닥에 ①처럼 단순한 손금밖에 없는 사람은 매우 남성적인 성격으로 일처리도 대담할 것이라고 생각할 수 있습니다.

다음은 손의 모양으로 알아볼 수 있는 인간성 파악입니다. 구체적인 사진이나 그림을 볼 필요도 없이 사람의 손을 대충 세 가지로 나누어 보면 됩니다.

첫째는 손 전체가 좀 작고 손바닥의 폭이 좁은 타입입니다. 이것은 물론 그 사람의 체격이나 성별에 따라 기준이 달라지겠지만 상식적으로 생각하면 됩니다.

두번째는 손이 큼직하고 손바닥의 폭도 넓은 타입입니다. 손가락도 굵직굵직하여 듬직한 느낌이 드는 손입니다.

세번째는 앞의 경우와 비교해 볼 때, 전체적으로 손가락이 가늘고 손도 가늘고 길어 섬세한 느낌이 드는 손 모양입니다.

손이 보통 사람보다 작고 손의 폭도 좁은 타입은 자그마한 체격의 여성들에게서 흔히 볼 수 있는데, 남성으로 이런 손을 가진 사람은 체질적으로도 다소 여성적으로 나약한 인상을 주는 사람이 많습니다. 키도 대개 작은 편이고 신경질이 있기 쉬우므로 성격적으로 분열형(分裂型)에 많다고 합니다. 그러나 이런 타입의 사람에게는 독창력이 있고 보통 사람이 생각해내지 못하는 아이디어를 생각해내거나 예술적인 센스가 높은 사람이 많습니다. 보통때는 자기의 불만을 겉으로 나타내는 일이 적고 고독을 사랑하는 경우도 많으나 찬스를 잡으면 '이 사람이……' 하고 놀랄 만큼 대담하게 행동할 때가 있습니다. 나폴레 옹이나 히틀러의 손 모양이 이런 타입이었다고 합니 다. 또 이런 타입은 문학가나 디자이너 등으로 크게 활약하는 사람에게도 많습니다.

두번째와 같이 손이 크고 듬직하게 생긴 타입은 밝은 성격으로 사교성이 있으며 남의 일을 잘 돌보 아주는 인간성의 소유자입니다. 하지만 중년 이후에 비만형으로 살이 찌는 사람이 많이 있으니 유의해야 할 것 같습니다. 이런 타입으로 손이 거칠고 손가락 의 마디가 굵은 느낌의 사람은 끈기가 강한 편이라 고 볼 수 있습니다. 또 이런 타입은 지도력이 있 고, 어려운 문제를 처리하는 능력이 뛰어나 샐러리 맨이라면 엘리트 형입니다. 기획력도 있고 그 아이 디어를 아이디어로 끝내지 않고 실행으로 옮기는 투지도 있어 언제나 주위에서 신뢰받는 〈리더형〉, 〈보스형〉이 되기 쉽습니다.

세번째와 같은 길고 가는 섬세한 손 모양을 가진 사람은 귀족형으로 행동하기보다 생각하기 좋아하고 변덕이 심하며, 사람을 몹시 가리는 성격이라 할 수 있습니다. 일반적으로 지능이 높고 분석력·판단 력이 뛰어나며 언제나 우아한 것을 찾는 타입입니 다.

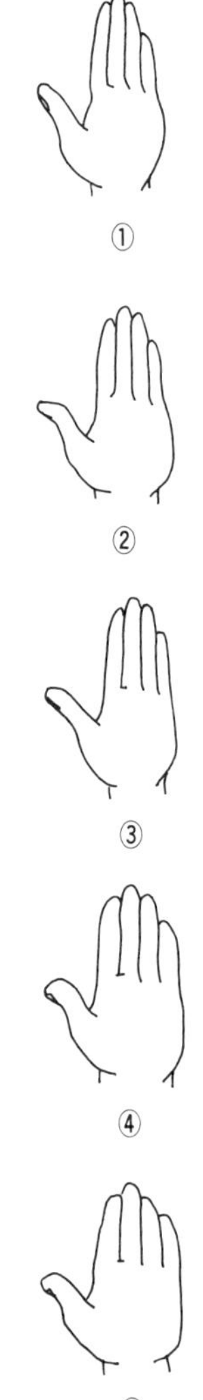

친근미를 가질 때는 손바닥을 보인다

사람의 성격을 이렇게 보는 방법도 있습니다. 독일의 정신 병리학자 크레치마가 연구 발표한 '체격과 기질'이란 학설에 의하면, 손의 모양으로 그 사람의 체격과 성격을 가려낼 수 있다고 합니다.

〈그림 63〉을 보아 주십시오.

①과 ②, ③의 손 모양은 체격이 마른 사람에게 많이 나타나며, 〈분열형 성격〉이라고 합니다. 반면에 ④와 ⑤의 손 모양은 체격이 딱 벌어진 사람에게 많고 〈점착형(粘着型)〉 성격이라 할 수 있고 ⑥의 손 모양은 살이 찔 형의 체격을 가진 사람에게 많으며 〈조울형 성격〉인 경우가 많다고 합니다.

상대방이 얘기를 할 때도 그 사람의 성격이나 심리상태를 파악할 수 있습니다. 사람에 따라 다르긴 하지만 보통 자기가 얘기하고자 하는 것을 어떻게 하든지 상대가 이해해 주길 바라는 경우는 아무래도 손의 동작이 많아집니다. 반대로 별로 얘기하고 싶은 열의가 없을 때는 손의 동작이 둔해집니다.

이러한 손의 움직임 속에 엄지손가락을 손바닥 안에 감추고 있을 때는 아직도 상대방에게 경계심을 갖고 있다는 증거입니다. 친근한 마음으로 털어놓고 속마음을 보일 때는 엄지손가락을 상대에게 보이는 것 같은 동작이 많아지고, 양손의 바닥을 보이면서 얘기하는 손동작이 많아집니다. 그러나 상대방에게 적대감정이 있거나 감정이 상하게 되면 손가락 전부를 갈쿠리처럼 굽히거나 둘째손가락을 상대에게 뻗는 동작이 많아집니다. 흔히 얘기하는 〈삿대질〉 현상입니다.

상대방과 대화를 할 때 가장 주의깊게 보아야 할 것은 손의 위치입니다.

우선 팔짱을 끼고 있다면 이쪽의 얘기를 결코 이해하거나 납득하려 하지 않는 심리 상태입니다. 또 〈그림 60〉에서 살펴본 것처럼 양손을 깍지끼고 있는 경우도 있습니다. 이때 오른손 엄지손가락이 위로 와 있는가, 왼손이 위로 있는가를 살펴보도록 합시다. 열 명 중에 일곱 명까지는 오른손 엄지손가락이 위로 와 있는 것이 보통입니다. 그런데 왼손이 위로 와 있거나 깍지 낀 손을 자주 바꾸는 사람이 있습니다. 이런 타입은 자기 주장이 강하거나 엘리트 의식이 강한 사람에게 많이 나타나는 현상으로 일반적이거나 상식적인 것을 싫어하는 성격이라는 것입니다. 여성의 경우도 귀족적인 사람 중에 이렇게 왼손 엄지손가락이 위로 올라가는 경우가 많은 모양입니다. 영국의 엘리자베스 여왕도 그런 타입이라고 들었습니다. 그런데 깍지를 자주 바꾸거나 대화를 하는 도중에 손으로 다른 물건을 만지작거리는 사람은 일반적으로 딴생각을 하고 있는 경우가 많다고 합니다. 또 어려서부터 자기 고집대로 살아온 성격인 경우가 많다고 합니다.

⑥

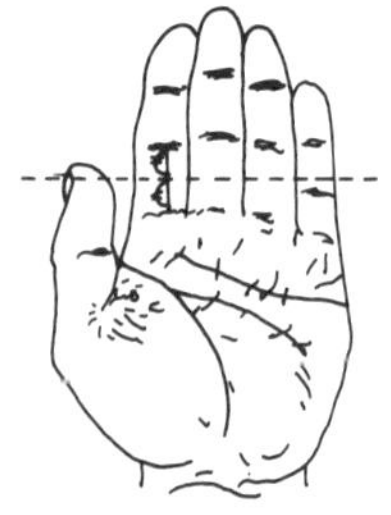

점선보다 엄지손가락이 긴 사람은 신중하고 행동력이 있으며, 점선과 비슷한 사람은 사회에 순응해 가는 성격이나 엄지손가락이 점선보다 짧은 사람은 성미가 급하다

엄지손가락이 길면 신중하고 행동력이 있다

엄지손가락은 다섯 손가락 중에서도 〈엄지〉라고 부를 만큼 대단히 중요한 역할을 하고 있습니다. 엄지손가락의 특징은 우선 자유롭게 혼자서 움직일 수가 있는것인데 이것은 사람만의 특징으로 다른 동물은 가상 고등동물 측에 속한다는 침팬지라도 다른 네 손가락과 함께가 아니라면 엄지손가락을 움직이기 어려운 모양입니다.

동양의 상학에서는 엄지손가락이 조상을 나타낸다고 보고 있으며, 서양식으로는 유전을 보는 것으로 되어 있으나 앞서도 말씀드렸듯이 왼손은 선천적, 오른손은 후천적인 운명을 보는 것이 통례입니다. 또 다른 방법은 왼쪽은 아버지쪽, 오른쪽은 어머니쪽을 나타낸다고 보기도 합니다. 예를 들면 오른쪽 엄지손가락이 다치거나 잘라져 나갔을 경우, 그 사람이 태어난 뒤에 외갓집(어머니쪽)의 가운이 기울어지는 것을 나타낸다는 것입니다.

엄지손가락의 길이는 그 사람의 직업이나 성격에 따라 다소 다르기는 하나 대체로 일정한 기준에 의해 길고 짧고를 판단합니다.

우선 〈그림 64〉를 보아 주십시오.

그림처럼 자기의 손을 펴서 다섯 손가락을 쭈욱 뻗고, 엄지손가락을 둘째손가락(人指)에 가볍게 댑니다. 그때 둘째손가락의 첫째마디를 둘로 나눈데다 수평으로 점선을 그어, 엄지손가락의 끝쪽과 비교해 봅니다. 이때 점선과 엄지손가락의 키가 비슷한 것이 일반적이며, 엄지손가락의 평균적인 길이라고 합니다. 이런 사람은 적절하게 자기 자신을 컨트롤하며 사회에 순응해 가는 성격으로 차근차근 노력함으로써 재능이나 개성을 신장시켜 가는 타입입니다.

점선보다 엄지손가락이 긴 사람은 모험심도 왕성하나 대체로 사려깊은 신중파이며, 일단 행동을 일으키면 끝까지 해내는 타입입니다. 하지만 일할 때에 무리하게 밀고 나가다가 오히려 부작용이 커지는 경우가 종종 있다고 합니다.

엄지손가락이 점선보다 훨씬 아래까지밖에 오지 않는 사람은 만사에 성미가 급해서 감정에 흐르기 쉽고, 생각난 것은 금방 해치워 버리고 싶은 성질을 가진 사람이 많다고 합니다. 바둑을 둔다면 속기파(速碁派)인 사람입니다.

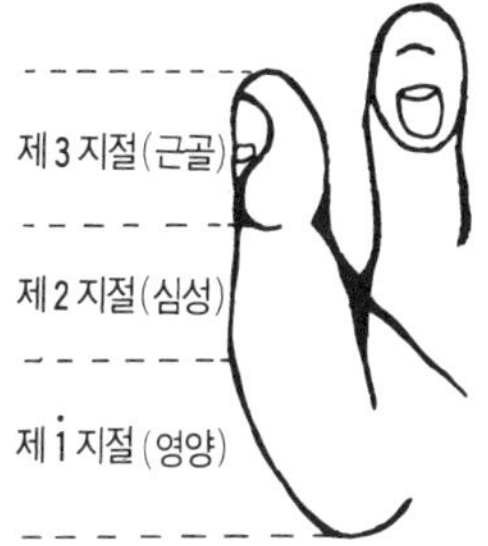

엄지손가락이 가늘면 의지가 약하다

얼핏 생각하면 각 손가락의 마디는 길이가 비슷한 것으로 여기기 쉬우나 실제로는 같은 손가락의 마디끼리도 길이가 조금씩 다릅니다. 일정하게 차이가 나는 것이 아니라 사람에 따라 셋째마디가 유난히 짧거나 둘째마디가 훨씬 길거나 합니다. 이 마디의 길이와 굵기, 모양으로 지상을 보는 것입니다.

〈그림 65〉를 보아 주십시오.

셋째마디는 근골(筋骨)이라고 부르며 그 사람의

체력이나 의지력을 나타냅니다. 때문에 엄지손가락의 끝이 가늘수록 체력도 약하고 의지도 약하다고 보는 것입니다. 변덕이 심한 사람에게 손가락 끝이 뾰족한 경우가 많다고 하는데 이런 사람은 지휘관 타입에는 좀 부적당하다고 볼 수 있습니다. 반대로 엄지손가락 끝이 굵거나 특별히 변형된 사람은 완고한 고집이 있어 좀체로 자기 주장을 굽히지 않는 타입입니다. 재능을 살려 크게 성공할 수도 있으나 적당하게 타협점을 찾지 못하고 자기 고집만 세우다가 일을 뜻대로 이루지 못하는 사람도 이런 타입에 많습니다. 이런 엄지손가락에다가 특별히 손톱이 작은 사람은 아는 사람끼리 트러블을 일으키기 쉬운 성격이라고 합니다.

엄지손가락의 둘째마디는 심성(心性)이라고 부르는데, 정신력과 신경성 등을 보며, 첫째마디는 영양으로 사교성과 물욕(物慾) 등을 나타냅니다.

엄지손가락의 경우 두말할 것도 없이 첫째마디는 손바닥의 일부를 형성하고 있어, 손바닥에서 튀어나와 있는 것은 둘째마디와 셋째마디뿐입니다. 이 두 마디의 길이가 거의 같은 사람은 사려분별이 있는 원만한 성격으로, 어떤 문제가 생겼을 때 결단력도 있어 이른바 이상적인 성격을 나타내나 대개는 길이가 다릅니다.

셋째마디가 길고 둘째마디가 짧은 사람은 완고하고 고집이 세다고 합니다. 유아독존(唯我獨尊)의 경향이 있어 혼자서 마음대로 회사를 이끌어 나가는 창업주 사장이 대개 이런 엄지손가락입니다. 자기가 일단 좋다고 생각하면 누가 뭐라 해도 귀 기울이지 않고 해치우는 타입으로, 맨주먹으로 사업을 일으켜 성공한 경우가 많이 있습니다. 하지만 계속해서 혼자서 주관하는 구멍가게 스타일을 벗어나지 못하면 실패하기 쉽습니다. 반면에 셋째마디가 짧고, 둘째마디가 긴 사람은 이른바 인텔리 형으로 생각하는 것은 많으나 실행력이 뒤따르지 못하는 타입입니다. 따라서 사업 같은 것보다는 교편을 잡거나 학문을 연구하는 기관에 몸을 담으면 크게 발전할 소지가 있습니다.

엄지손가락이 젖혀지면 노름을 좋아한다

〈그림 66〉은 엄지손가락의 모양을 나타낸 것인데 ①과 같은 엄지손가락을 가진 사람은 성미가 불같아서 화가 나면 참지를 못합니다. 화가 나면 아무것이나 집어 던지는 사람 가운데 이런 엄지손가락을 가진 사람이 많습니다. 성질나는대로 하다가 사람을 다치게 하는 경우도 있지만 본심이 그렇게 나쁜것은 아니므로 그순간만 지나면 언제 그랬느냐는 듯이 원상으로 돌아갑니다. 순간을 참지 못해서 일을 저지르는 타입입니다.

접대관계로 가끔 가게 되는 일식집의 호스티스 가운데 이런 엄지손가락을 가진 사람이 있었는데 얼굴이나 몸매무새 할것없이 모두 여자다운데 자기 표현처럼 〈불 같은〉 성질 때문에 가끔 가다가 크게

〈그림 66〉

엄지손가락으로 살펴본
성격과 운세

① 성미가 불같다

② 노름을 좋아한다

③ 생가가 몰락한 증거

낭패를 본다는 것이었습니다. 처방을 묻길래 '화가 나는 순간 눈을 감고 스무 번쯤 심호흡을 하라'고 일러준 기억이 납니다.

〈그림 66〉의 ②처럼 엄지손가락의 끝마디가 뒤로 젖혀지는 사람이 있습니다. 젖혀지는 각도가 크면 클수록 경제 관념이 없는 낭비가로, 몹시 노름을 즐기는 경향이 있습니다. 도박판에서 몸을 망치는 상습 도박꾼들을 보면 대개 엄지손가락이 뒤로 젖혀지는 것을 보게 되며 또 정상적인 가정주부 가운데서도 틈만 있으면 고스톱에 열을 올리는 아주머니들은 대개 엄지손가락이 그렇게 되어 있습니다.

③처럼 엄지손가락을 쭉 펴려고 해도 곧장 펴지지 않는 사람이 있습니다. 선천적으로 그런 경우도 있고 후천적으로 그렇게 되어버린 경우도 있는데 지상(指相)에서는 이 사람의 생가(生家)가 몰락한 증거로 보기도 합니다. 이 경우에 왼쪽 손이면 아버지쪽, 오른쪽 손이면 외갓집으로 보는 것입니다.

엄지손가락의 아랫쪽(손목)에 〈그림 67〉처럼 약간 튀어나온 뼈가 있습니다. 이것을 관골(關骨)이라고 부르는데, 관골이 툭 튀어나온 사람은 보좌역을 잘 두게 되는 상으로 주위의 도움이나 부하복이 두터운 운세를 나타냅니다. 어려울 때 누군가가 도와주는 좋은 상입니다. 반대로 이 관골이 거의 없는 사람은 평소 남에게 크게 도움받지 못하는 운세를 갖고 있기 때문에 기대를 걸지 말고 살아야 합니다.

〈그림 67〉

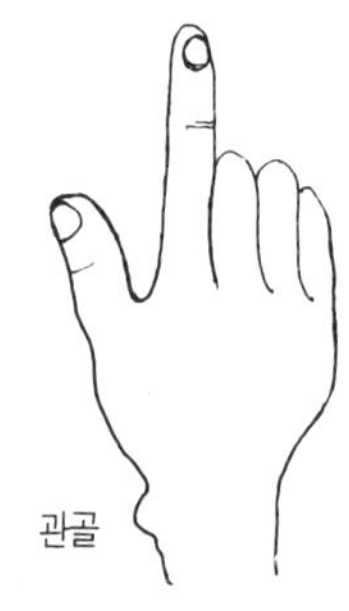

관골이 튀어나온 사람은
부하복이 두텁다

집게손가락이 뾰족하면 어학에 소질이 있다

우리말 사전을 보면 둘째 손가락을 〈집게손가락〉이라고 하는데 한문으로는 ① 식지(食指) ② 염지(染指) ③ 인지(人指)등으로 부리며 영어의 포어핑거(forefinger)에서 따왔는지 정형외과 의사들은 시지(示指)라고 부릅니다.

우리가 무의식적으로 손바닥을 펴서 보일 때 〈그림 68〉처럼 가운뎃손가락과 약손가락 새끼손가락은 붙여놓고 이 손가락만 떼어서 내미는 사람이 있습니다. 이런 사람은 배타적인 경향이 강하거나 다른 사람과의 교제가 서투른 사람이라고 합니다. 사람들이 흔히 '당신이…' 하고 삿대질을 할 때 이 손가락을 쓰는 것과 관련이 있지 않나 생각됩니다.

이 집게손가락의 마디에도 다 뜻이 있습니다. 〈그림 69〉를 보십시오.

첫째마디(제1지절)는 지배욕, 둘째마디(제2지절)는 야심, 셋째마디(제3지절)는 종교심을 나타냅니다.

첫째마디가 다른 마디보다 긴 남성은 지배욕이 왕성하여 남의 윗사람이 될 운명을 타고난 셈입니다. 말하자면 지휘관 타입인 것입니다. 어려서부터 장(長)이 되기 좋아하고, 직장 단체나 동창회 같은 데서도 장이 되기에 알맞은 성격과 운세를 타고났다고 보면 됩니다. 그러나 너무 이 마디가 길면 오만무례하거나 에고이스트로, 남이 불행해져 슬퍼하는

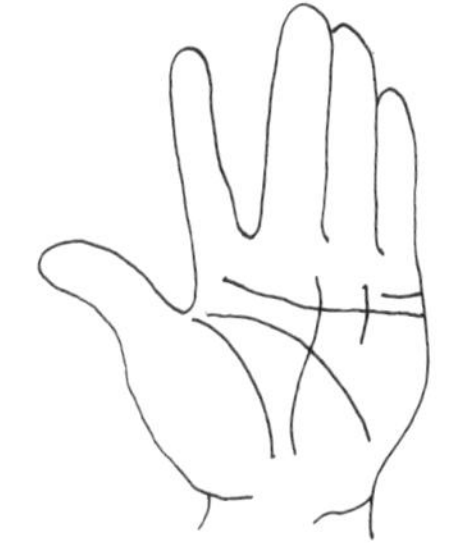

손바닥을 펴 보일 때 집게손가락만 떼어 내밀면 배타적인 경향이 강하다

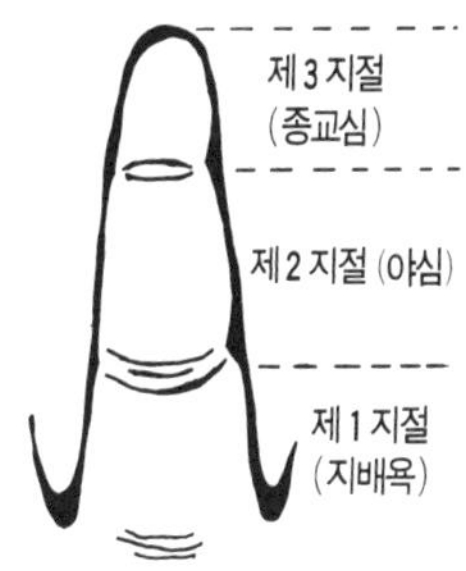

것을 보고 좋아하는 못된 경향도 있다고 합니다.

〈집게손가락〉의 둘째마디가 긴 남성은 야심가로, 아무리 역경에 처하는 일이 있더라도 언제나 야심을 불태우며 환경에 지거나 좌절하지 않습니다. 그대신 제3자로부터 뭐라고 지시를 받거나 속박당하는 것을 싫어하는 사람으로, 자기가 생각하는 대로 행동하고자 하는 성질이 있습니다.

〈집게손가락〉으로 그 사람의 어학(語學) 재능이 있는가 없는가도 알 수 있습니다. 대체로 어학에 소질이 있는 사람은 남녀를 불문하고 집게손가락의 셋째마디가 다른 마디보다 길고 끝이 뾰족한 것을 볼 수 있습니다. 이것은 이상할이만큼 잘 들어맞습니다. 또 이 손가락 끝이 뾰족하게 느껴지는 사람은 신비적인 것에 관심이 깊고, 종교적인 신앙심이 두터워 물질적인 것에는 담백한 성격을 나타냅니다. 플라토닉 러브를 하는 사람이나 금욕주의적인 교육자 같은 분들에게 이런 손가락을 가진 사람이 많습니다.

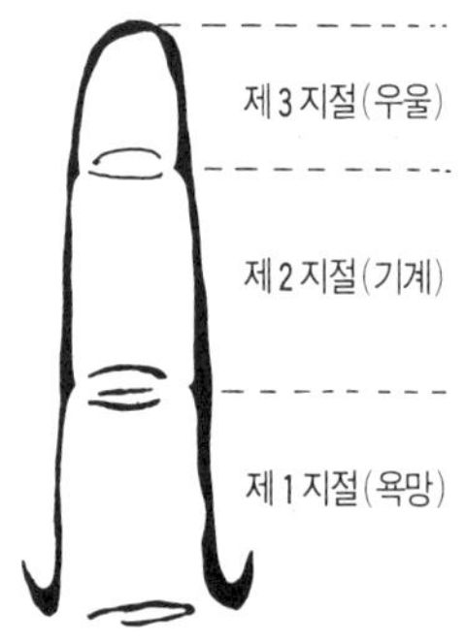

〈그림 70〉

가운뎃손가락 각 부분의 의미

가운뎃손가락의 둘째마디가 길면 식복이 있다

〈그림 70〉을 보십시오.

가운뎃손가락의 첫째마디는 욕망, 둘째마디는 기계 만지는 재능, 셋째마디는 우울(비관적인 성격)을 나타냅니다.

첫째마디가 유난히 긴 사람은 욕망이 지나치게

커서 문제가 있습니다. 사람이란 분수가 있는 법인데 실력이나 실행력이 없는 처지에 욕망만 부풀어 있다면 결국 이루어지지 않아 번민만 생기기 때문입니다. 언제나 불평불만을 일삼는 사람은 대개 이 첫째마디가 유난히 긴 사람입니다.

둘째마디는 기계를 만지는 재능을 나타냅니다. 일반적인 엔지니어에서부터 시계 수리, 전자제품 제작, 컴퓨터 전문가, 제트기 파일러트에 이르기까지 무엇이든 기계류를 만지며 사는 사람, 그런 것에 취미를 가진 남성은 대개 이 둘째마디가 긴 사람입니다. 수학 계산을 잘하는 사람도 이 마디가 깁니다. 따라서 광범위하게 얘기하자면, 손을 써서 일을 하는 사람의 운명을 이 둘째마디가 나타낸다는 것입니다. 이 마디가 긴 사람이라면 기술(정신에 의한, 또는 육체를 써서)을 몸에 붙이고 있기 때문에 먹고 사는 데는 지장이 없다는 것을 의미하기도 합니다. 그런 의미에서 이 마디가 짧은 사람은 직업이 안정되지 않고 실업자가 되기 쉽다고 말할 수도 있습니다.

달리 생각해 보면 이 둘째마디가 짧다는 것은 당연히 첫째마디(욕망)나 셋째마디(우울)가 길기 때문인데, 만약 첫째마디가 너무 길어서 그렇게 되었다면 분수없이 허욕만 커서 시시한 직업 따위는 손에 잡히지 않았을 것이며 셋째마디가 너무 길어서 그렇게 되었다면 만사에 소극적이고 비관스럽게 생각하는 성격 때문에 직업이 몸에 잘 붙지 않았을 것이 틀림없습니다.

셋째마디가 긴 사람은 대개 내향적인 성격을 갖고 있습니다. 무슨 일이나 비관적으로 생각하고 곧 숙명적으로 받아들이기 쉽습니다. 적극성이 없는 대신에 누구에게도 반항하는 일이 거의 없습니다.

착하고 순한 남편, 평범한 남편으로서 가정을 잘 지켜줄 서방님을 원하는 여성이라면(외딸이라 〈데릴사위〉감으로도) 가운뎃손가락의 셋째마디가 긴 남성을 눈여겨보아 두십시오. 반대로 이 셋째마디가 짧으면 짧을수록 그 사람의 성격은 양성적이고 외향적인 경향이 두드러지다고 보아도 무방합니다.

가운뎃손가락이 휘어 있는 사람은
의타심이 높다

지상(指相)에서는 가운뎃손가락을 자기 자신으로 보며 집게손가락은 타인, 약손가락은 육친(肉親) 또는 배우자로 봅니다.

〈그림 71〉을 보십시오.

①이 만약 당신의 손이라면 육친이나 배우자가 당신에게 의탁하여 살고 있는 운세입니다. 남자인 경우 부모형제나 배우자를 돌보는 것은 어쩌면 당연한 일인지도 모릅니다. 그러나 요즈음의 세태는 장남일지라도 따로 나가 살며 부모가 조금도 의탁하지 않는 경우를 얼마든지 볼 수 있습니다. 그런데 당신의 손이 ②와 같은 경우라면 육친이나 배우자는 별로 의탁하지 않는 대신, 남들 때문에 애를 쓰고

남의 뒤치다꺼리를 하는 운세입니다. 부모형제들은 다 서로 폐끼치지 않고 사는데 어처구니없게도 전혀 의무가 없는 남들이 찾아와서 손을 벌리고, 또 도와 주지 않으면 안되는 경우를 자주 당합니다.

③과 같은 지상을 가진 사람도 많이 있습니다. 이것은 나이가 꽤 들어서도 부모의 보탬으로 가정을 꾸려 나가거나, 형제들 신세를 지며 사는 사람입니다. 남자인 경우 자기는 벌이를 하지 못하면서 아내가 벌어 오는 돈으로 용돈까지 타 쓰는 타입입니다.

④와 같은 손은 일평생 육친과 배우자는 물론, 남의 일까지 돌보며 살아가는 좀 부담스러운 지상입니다. 한편으로 생각하면 남에게 신세를 지고 사느니보다 남을 도와주고 남에게 신세를 지게 하는 편이 좋은 것입니다. 그렇게 여러 사람을 도와주고 살 수 있다면 그 이상 복이 어디 있겠습니까?

요컨대 가운뎃손가락은 자기 자신의 독립심을 나타내는 곳으로 미혼 여성으로서 일평생 안심하고 자기를 맡길 수 있는 믿음직스러운 남성은 가운뎃손가락만 보면 알 수 있는 것입니다. 〈그림 71〉의 ①처럼 그 남자의 가운뎃손가락이 곧장뻗어 있고, 그 옆의 약손가락의 끝이 살짝 가운뎃손가락쪽으로 휘어 있다면 당신은 안심하고 일생을 맡길 수 있는 사람임에 틀림없습니다. 물론, 이때 당신의 가운뎃손가락은 〈그림 71〉의 ③처럼 약손가락쪽으로 휘거나 기대어 있는 상태가 되어 있을 것이므로 두 사람의 상성(相性)은 제대로 들어맞는 셈입니다. 그러나

① 육친·배우자가 의탁한다

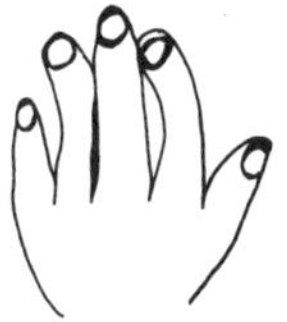

② 남이 의탁한다

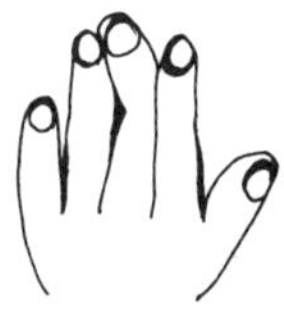

③ 육친·배우자를 의탁한다

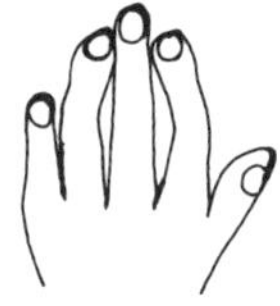

④ 육친·배우자 남까지 의탁한다

만약 이것이 반대라면 당신은 일평생 남편의 치다꺼리를 하며 살지도 모릅니다. 이것은 어디까지나 지상(指相)만의 얘기지만 맞는 확률은 상당히 높은 것입니다.

가운뎃손가락이 너무 긴 남성은 조심할 것

여자를 교묘하게 끌어드리는 남성이 있습니다. 아주 점잖은 척, 플라토닉 러브를 하는 척 고상한 말만 골라 쓰면서 행동도 그렇게 합니다. 여자란 본래 무드에 약한 것을 잘 알고 있기 때문에 분위기 조성에 아주 능숙한 솜씨를 발휘한 끝에 여성쪽에서 저절로 굴러 들어오도록 유도합니다. 전형적인 돈판입니다.

이런 남성은 가운뎃손가락을 보면 알 수 있습니다. 본래 가운뎃손가락은 다른 손가락보다 긴 것이 당연합니다. 그러나 유난히 긴 남성은 선천적으로 〈그런 소질〉을 갖고 있으며 이상스럽게도 여자들에게 인기가 있습니다. 그러한 사람들은 대체로 피부색이 하얗고, 얼핏 보면 양가(良家)의 자제 같아 보이면서 언제나 눈가에는 우수를 띠고 있습니다. 그것이 여성들의 모성 본능을 몹시 자극하는 모양인데, 이런 남성은 거의 예외없이 길게 쭉 뻗은 가운뎃손가락을 갖고 있습니다. 이런 남성은 그 타고난 자질 때문에 여자관계가 복잡할 수밖에 없으므로 여성들이 주의해야 할 타입입니다.

그런데 가운뎃손가락이 긴 사람은 장점도 있습니다. 잘 참는 끈기가 있으며 자아도 강한 편입니다.

약손가락이 긴 사람은 예술적인 천분이 있다

약손가락이 몹시 긴 사람이 있습니다. 가운뎃손가락과 거의 맞먹는 길이를 말합니다. 이런 사람은 사행심 투기심이 남달리 강해서 노름을 좋아하는 천성을 지니고 있습니다.

나쁜 쪽만도 아닙니다. 약손가락이 긴 사람은 영감이 발달되어 있어 어떤 노름을 해도 승부에 몹시 강하며 끈기와 근성도 있습니다.

〈그림 72〉를 보십시오.

첫째마디는 영감을 나타내는 것이므로 약손가락이 긴데다가 특히 첫째마디가 길수록 영감이 풍부하다고 보는 것입니다.

둘째마디는 예술적인 의욕을 나타내는데, 이 마디가 극단적으로 긴 사람은 예술적인 천재라고 합니다. 한마디로 예술이라고 하더라도 여러 가지 분야가 있어 사고력을 빼고서 생각할 수는 없지만 가령 음악이라든지 특히 연주가, 무용가처럼 노력보다는 천부적인 소질이 있어야 되는 분야에서는 이 약손가락(특히 둘째마디)이 길어야 성공을 거둘 수 있다는 것입니다.

예를 들면 지금 바르샤바의 쇼팽 박물관에 남아 있는 쇼팽의 왼손 브론즈를 보면, 이 피아노 시인

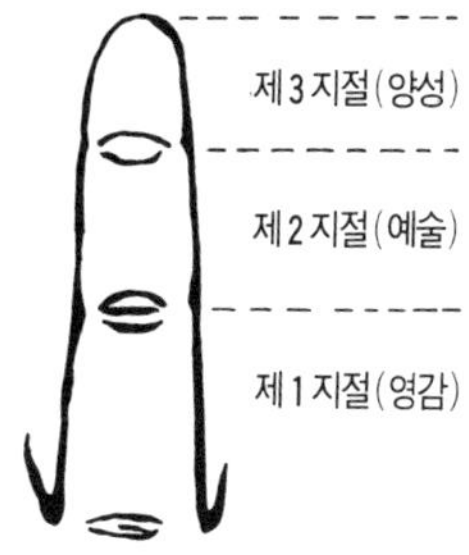

〈그림 72〉

약손가락 각 부분의 의미

(詩人)의 약손가락은 그 첫째마디와 둘째마디가 유난히 긴 것을 알 수 있습니다. 쇼팽은 분명히 피아노의 천재였지만 몸은 그리 튼튼하지 못했던 것입니다(셋째마디가 상대적으로 너무 짧았으니까). 그러나 예술적인 의욕과 영감이 뛰어났기 때문에 그렇게 주옥같은 피아노곡을 만들 수 있었음에 틀림없습니다.

새끼손가락이 긴 여성은 자식복이 있다

새끼손가락은 자식복을 나타냅니다. 지상에서는 본래 새끼손가락은 생식 능력에 깊은 연관이 있다고 보고 있습니다. 따라서 새끼손가락이 긴 여성은 다산계(多産系)라 아이를 많이 낳게 됩니다. 물론 가족계획이 발달된 오늘날에는 반드시 그렇지도 않겠지만……. 그런 이유 때문인지 새끼손가락이 긴 여성은 정력이 좋은 것으로 나타나며 이것은 남성에게도 들어맞는 것 같습니다. 아무튼 새끼손가락이 긴 사람은 자식복이 있다는 얘긴데, 반대로 자식복이 별로 없는 사람은 대개 새끼손가락이 짧은 모양입니다.

손바닥을 펴서 손가락을 가지런히 하면 〈그림 73〉에서 보는 것처럼 대개는 새끼손가락의 끝이 약손가락의 둘째마디와 셋째마디 사이의 금(의학적으로는 원위지절관절)을 지나게 됩니다. 그런데 가끔 보면 새끼손가락의 끝이 셋째마디까지 이르지

〈그림 73〉

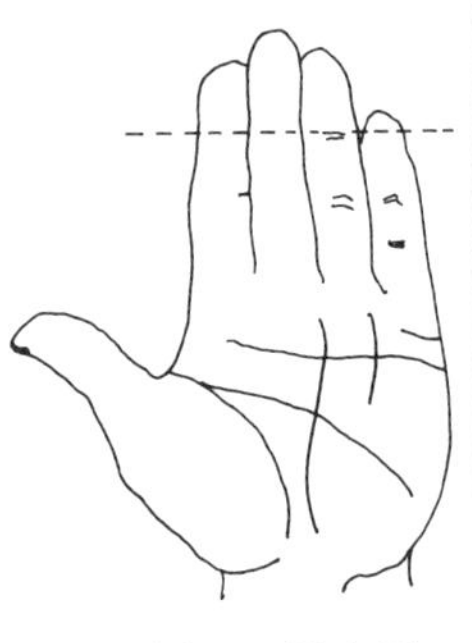

새끼손가락의 끝은 약손가락의 둘째마디와 셋째마디 사이의 금을 지나는 것이 보통이다

를 못하는 사람이 있습니다. 이런 사람은 남성이건 여성이건 자식복이 적은 사람으로 만약 짧은 새끼손가락이 왼쪽손이라면 딸복이 적고, 오른손이라면 아들복이 적다고 합니다. 실제로 딸만 많이 낳은 사람들을 보면 왼쪽 새끼손가락은 둘째마디를 훨씬 넘어섰는데 오른손은 대개 미치지를 못하고 있습니다.

실제로 딸밖에 없는 사람의 오른쪽 새끼손가락이 약손가락의 둘째마디를 훨씬 넘어선 사람이 있습니다. 이런 경우는 사위되는 사람이 아들 못지않게 마음에 들 것이라는 암시로 보아야 합니다. 사위자식도 자식은 자식이니까 말입니다.

또 실제로 아들이나 딸이 다 있어도 양쪽 새끼손가락이 짧고 빈약한 사람이 있습니다. 이것은 아들딸이 있더라도 실제로는 멀리 떨어져 살거나 불효스러워 없는 것이나 마찬가지라고 볼 수 있습니다. 임종(臨終)을 할 때도 머리맡을 지켜 줄 자식이 없는 운명이라고 합니다.

미혼 여성 가운데 양쪽 새끼손가락이 짧은 것은 물론, 다른 손가락에 비해 이상스러울이만큼 빈약한 사람이 있는데 이는 전형적으로 자식복이 없는 타입입니다.

경험에 의하면 이상스럽게도 밤업소의 호스티스 가운데 이처럼 새끼손가락이 빈약한 여성이 많습니다. 아마 80% 이상은 그렇지 않나 생각됩니다.

그런 여성들의 신변잡기를 들어보면 대체로 세 종류가 있습니다. 첫째는 결혼에 실패한 경우입니다. 결혼한 지 얼마 안 가서부터 남편의 외박이 잦으며 술만 마시고 들어오면 집안의 기물을 부수고 아내를 때리기 시작하는 폭군이 되더라는 것입니다. 그래서 할수없이 자식 하나를 데리고 헤어진 것인데 그런 여성들은 대개 새끼손가락이 빈약하게 생겨 있습니다.

두번째 경우는 남편과 그럴 수 없이 다정하고 행복하게 살아왔으나 어느날 갑자기 교통 사고를 당하거나 암 같은 것으로 남편이 요절한 경우입니다. 남편의 생전을 생각해 보면 도무지 재혼할 생각이 나지 않아 자식들을 데리고 굳건히 살아가는데 경제력이 모자라 호스티스로 투신한 경우입니다. 이런 여성들의 새끼손가락은 그리 빈약하지 않은 것이 특징입니다(자식복이 있음).

세번째는 〈아르바이트〉 형으로 가난한 살림 속에서 동생들의 학비를 대주기 위해 발을 들여놓았거나, 대학입시에 낙방하고 재수를 하다가 소위 '부모 형제들이 구박하는 바람에' 집을 뛰쳐나온 경우입니다. 이러한 여성들은 대개 새끼손가락이 길고 빈약하지를 않습니다.

얼른 그만두고 시집을 가면 잘살 수도 있는 가능성이 있는 것입니다.

새끼손가락 끝이 길면 말을 잘한다

〈그림 74〉를 보십시오.

새끼손가락의 첫째마디는 근면, 둘째마디는 인내, 셋째마디는 웅변을 나타냅니다.

요컨대 첫째마디가 긴 사람은 근면 성실한 성품을 나타내며, 둘째마디가 긴 사람은 참는 끈기가 대단함을 보여줍니다. 새끼손가락의 셋째 마디는 〈입심〉을 말해 주는데 이 마디가 긴 사람은 말을 꺼냈다 하면 청산유수처럼 끝이 없어 어쩌면 정치가나 변호사가 적성일지도 모릅니다.

여성의 새끼손가락이 길고 셋째마디가 긴 경우도 마찬가집니다. 친구끼리 모이거나 어떤 모임에 가면 혼자서 종일 얘기를 해야 직성이 풀리는 타입입니다. 그런데 여성의 생리중에는 손을 내보이라고 하면 대개 새끼손가락을 약손가락에서 떨어뜨려 내미는 경우가 있습니다. 이것은 새끼손가락이 생식 능력과 깊은 관계가 있기 때문이라고 합니다.

이번에는 손톱을 보는 법입니다. 상학(相學)에서는 손톱이 길쭉길쭉한 사람은 성격이 얌전하고 느긋한 편이며 몽땅하게 짧은 사람은 성미가 급한 것으로 풀이합니다.

손톱의 색깔은 붉으스름하게 보이는 것이 좋습니다. 그것이 검게 보이거나 전체적으로 허옇게 보이는 것은 건강에 이상이 있다고 보면 틀림없습니다. 현대의학에서도 〈암〉 같은 이상이 있을 때면 손톱의 색이 검게 되고, 간이 굳어졌을 때는 손톱이 허옇게 되는 수가 있다고 들었습니다.

손톱의 양쪽 끝이 〈그림 75〉와 같이 이렇게 살속에 파고드는 사람이 있습니다. 이런 사람은 남녀를

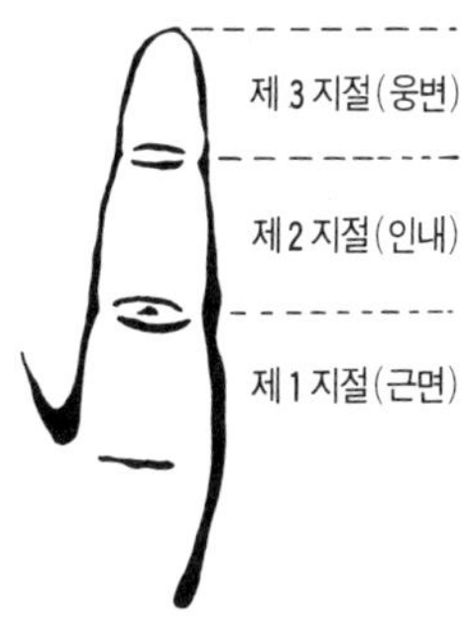

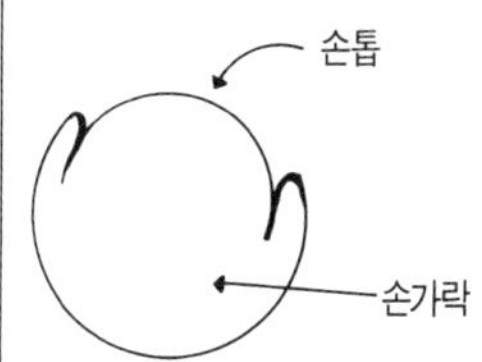

손톱의 양쪽 끝이 살속에 파고드는 사람은 질투심이 강하다

〈그림 76〉

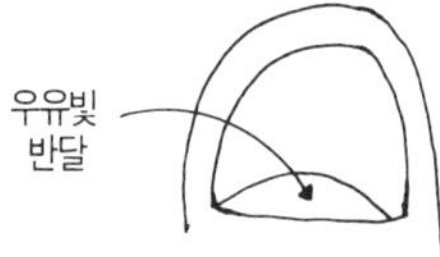

손톱에 우유빛 반달 모양이 나타
나면 건강하다고 하나 과학적
근거는 없는 것 같다

불문하고 질투심이 강하며 히스테리적인 성격의 소유자라고 합니다.

손톱 가운데 흰 반점이 나오면 아주 좋은 징조라고 하는 사람도 있으나 관상학으로는 아무런 근거가 없습니다. 또 〈그림 76〉처럼 손톱에 우유빛 반달 모양이 생기는 수가 있는데 주로 엄지손가락에 크게 나타납니다. 이것을 건강과 연관시키는 사람도 있는데 그것은 아무 상관이 없는 것입니다. 다만 평소 많이 걸어다니는 사람에게 이런 반달 모양이 뚜렷하게 나온다고 합니다.

운동부족으로 고민하는 현대인 가운데 많이 걸어다닌다는 것은 건강한 사람일 수도 있기는 합니다만.

손이 찬 여성은 마음이 따뜻하다

여성 가운데 손이 유난히 찬 사람이 있습니다. 이런여성은 대개 마음은 따뜻한 법입니다. 왜냐하면 손이 찬 여성은 성격이 본래 이기적이 못되기 때문에 내성적인 반면, 일단 한번 믿은 사람에게는 끝까지 정성을 다해 줍니다. 인정이 깊은 것입니다. 그래서 마음이 따뜻하다고 해석되는지도 모릅니다.

한편 손이 따뜻한 사람은 아무래도 찬찬치 못하고 허둥대는 사람이 많다고 합니다. 멋대로 지레짐작을 하기 잘하고 호기심도 많으며, 남의 일을 해결해 주겠다고 쉽게 떠맡는 버릇도 있어 결과적으로는 〈거짓말쟁이〉 소리도 듣기 쉽습니다.

또 손이 큰 사람은 대개 글씨를 작게 쓰는데 손이 작은 사람이 글씨는 큼직큼직 시원스럽게 쓰는 것은 재미있는 현상입니다.

아무튼 손금을 보지 않고도 손의 모양이나 동작만 가지고서 그 사람의 여러 가지 운명을 짐작할 수 있는 것입니다.

생활습성으로 운세를 바꾼다

운세는 정해져 있는 것이 아니다. 버릇을 고치고 생활태도를
바꾸면 운세도 어느정도 바꿀 수가 있는 것이다

몸가짐과 생활습성을 바꾸는 노력을 하라
식사를 적게 하면 장수(長壽)를 누릴 수 있다
잔칫집에 가더라도 식사는 평소처럼 하라
대식가(大食家)는 '단명(短命)의 상'
제때에 식사를 하면 수입이 안정된다
건강하려면 식사의 양을 일정하게
음식을 대할 때는 감사하는 마음으로
외박이 잦으면 운세를 그르친다
몸은 호랑이처럼 묵직하게, 발걸음은 가볍게
고개를 갸우뚱하는 버릇은 고쳐야 한다
혼자서 중얼거리는 것은 고독한 상
머리를 자주 감아야 운세도 편다

생활습성으로
운세를 바꾼다

몸가짐과 생활습성을 바꾸는 노력을 하라

이세상에 운명이나 운세를 판단하는 책은 많아도 운세를 바꾸는 방법을 알려주는 책은 별로 없는 것 같습니다. 그렇게 절묘한 방법이 있다면, 세상의 모든 권력구조나 사회의 판도는 벌써 달라졌을 것입니다. 그러나 필자는 그동안 여러 가지 책을 읽어보는 가운데 운세를 펼 수 있는 비교적 간단한 이치를 발견해 냈습니다. 그것은 '자기가 노력한 만큼은 운세를 펼 수 있다'는 사실입니다.

보통 사람은 자기가 백이라는 노력을 기울이면, 백이라는 열매를 거둘 수 있게 마련입니다.

흔히 관상이 좋다, 사주가 좋다 하는 사람이란, 백이라는 노력을 하면 백오십이나 이백의 열매를 거둘 수 있는 사람을 말하는 것입니다. 반대로 운세가 나쁘다는 사람은 백이란 노력을 해도 구십이나 팔십, 심지어는 반밖에 수확을 거두지 못하는 사람입니다.

최고 이백, 최하 오십의 차이는 네 배밖에 되지를 않습니다. 따라서 아무리 운세가 좋지 않은 사람일지라도 보통 사람보다 두 배만 노력한다면 남들만큼은 거둘 수가 있는 셈입니다. 또 보통 사람이 두 배의 노력만 한다면 운세가 아주 좋은 사람처럼 이백의 열매를 거둘 수도 있는 것입니다.

여기서 중요한 것은 노력하는 방법입니다. 덮어놓고 노력만 할 것이 아니라 운세를 펴게끔 노력해야 되는 것입니다.

그것은 우리의 잘못된 생활습관과 생활의 리듬을 바꾸는 방법입니다. 좋지 않은 버릇이나 몸가짐을 버리고 운세가 좋은 사람들의 몸가짐이나 생활습성으로 바꾸면 되는 것입니다.

오랜 습성을 바꾼다는 것이 그리 쉬운 일은 아니나 열심히 몇 달만 노력하면 안될 리도 없습니다. '진리는 언제나 가까운 곳에 있다'는 말처럼 운세를 펴는 방법도 우리의 일상생활 속에 감춰져 있는 것입니다.

식사를 적게 하면 장수(長壽)를 누릴 수 있다

‘천불생무록지인(天不生無祿之人)이요, 지불생무명지초(地不生無名之草)’라는 말이 있습니다. 하늘은 녹(祿)없는 사람은 낳지를 않고, 땅은 이름 없는 풀을 낳지 않는다는 뜻입니다.

‘사람은 자기 먹을 복을 제가 타고난다’는 발상은 근래까지도 우리네 의식의 밑바닥에 흐르고 있는 동양적인 사상의 하나였습니다. 상학에서는 이것을 〈천록(天祿)〉이라고 부릅니다.

사람이 타고난 복은 사람마다 얼마만큼이나 될 것인가? 숫자로 정확하게 밝혀진 것은 없지만, 가령 쌀로 쳐서 백 가마면 백 가마란 양식이 사람마다 일정하게 주어지는 게 〈천록〉이라는 것입니다. 이것을 어떤 사람이 일 년에 한 가마씩 먹고 산다면 그 사람은 백 년을 먹고 살 수 있습니다. 그러나 일 년에 두 가마씩 먹어치우는 사람은 50년 만에 식량이 떨어지고 맙니다. 그러므로 소식(小食)을 하는 사람은 장수할 수 있고, 밥을 많이 먹는 대식가는 일찍 쌀이 떨어져 굶게 된다는 발상이기도 합니다.

이것은 참 그럴 듯한 발상입니다. 실제로 우리네 주위에서 장수하는 노인들을 보면 대개가 소식하는 분들입니다. 이미 90세를 훨씬 넘긴 국문학자 이희승 박사나, 작고하신 원로 연극인 서항석 선생 같은 분들도 다 소식가로 알려진 분들입니다. 늙어서 식사를 조금씩 드는 것이 아니라 젊어서부터 소식을 해온 것입니다.

근래에 소식을 하면 오래 살 수 있다는 사실이 과학적으로도 증명이 되고 있습니다.

미국 코넬대학의 클리브 매케이 교수는 평균 수명이 3년인 쥐에게 먹이를 적게 준 결과 평균수명의 3분의 1을 증가시킬 수 있었다는 실험발표를 했습니다.

또 캘리포니아 대학(UCLA)의 월포드 교수팀도 흰쥐에게 정상 먹이보다 30~40% 가량 칼로리가 적은 사료를 먹인 결과 보통 흰쥐보다 수명을 20~50% 더 연장시킬 수 있었다고 발표했습니다.

음식을 적게 먹으면 무엇때문에 수명이 연장되는지 명확한 해답을 내릴 수는 없으나, 과학자들은 영양을 과잉섭취하게 되면 몸안에 과산화물이 축적되어 노화(老化)를 부채질하는 것으로 믿고 있습니다. 그리하여 그 결과로 일찍 사망한다고 보고 있는 것입니다.

잔칫집에 가더라도 식사는 평소처럼 하라

상학에서는 식사에 따라 상(相)이 바뀌고, 상이 바뀜에 따라 운이 열린다고 보고 있습니다.

운이 열리는 상으로 바꾸는 요령은 식사때마다 언제나 한 숟가락 적은 듯이 먹는 습관을 들여야 합니다. 배가 늘 안 찬 듯하게 식사를 하면 '가령 얼굴에 발전할 힘이 없는 경우라도 노력한 만큼은 성공할 수 있고, 장수를 누리며 만년운도 좋게 된다'고 보고 있는 것입니다. 또 젊어서부터 음식을 적게 먹으면 자식이 없을 상이라도 만년에 편안한 생활을 누릴 수 있다고도 합니다. 이것은 자신이 검소한 생활 끝에 하늘에서 배당받은 천록(天祿)이 남아 있기 때문이라고 하는데 다시 말해서 그것이 음덕(陰德)이 되어 자신에게 돌아온다는 발상이기도 합니다.

참된 음덕이란 '자기가 늘상 먹는 음식을 하늘에 감사하며 식사의 양을 줄여서 식량이 부족한 다른 사람이 먹을 수 있도록 베푸는 것'이라고 합니다. 물론 식사를 적게 한다는 것은 입맛이 없어서가 아니라 식욕이 왕성한데도 스스로 참고 절제하는 경우를 말합니다.

반대로 음식을 지나치게 많이 먹는 사람은 '가령 좋은 상을 하고 있어도, 남이 생각하는 것만큼 성공하지도 못할 뿐더러 만년운이 좋지 않거나 가난해진다'는 것입니다. 또한 가난하지는 않더라도 자식복이 없거나 아내가 병약한 관계로 근심걱정이 끊일 날이 없다고 합니다.

밥을 지나치게 많이 먹는 여성도 편안하지 않다고 봅니다. 일반적으로 음식은 남자들이 많이 먹고, 여자들은 적게 먹는 것이 상식입니다. 그런데 적게 먹어야 할 여인네가 남자처럼 식사를 많이 한다는 것은 남자처럼 나서서 힘든 일을 해야 하는 운세로 이런 여성에게는 남편 대신 집안을 이끌어갈 책임이 지워질지도 모릅니다.

힘든 노동을 하는 사람일지라도 밥을 많이 먹지 않는 것이 좋습니다. 밥의 양만 많이 채운다고 힘을 쓰거나 건강을 유지하는 것이 아니라는 것은 이미 과학적으로도 입증된 사실입니다. 밥만 많이 먹는 사람들은 대개 만복감이 차지 않아서 그렇게 되는 것입니다.

잔칫집에 초대된 경우도 마찬가지입니다. 평소보다 맛있는 음식도 많고, 많이 먹지 않으면 상대방의 성의를 무시하는 것처럼 생각되어 자연히 과식을 하게 됩니다. 그러나 아무리 좋은 음식이 있다 하더라도 어차피 자기의 위장은 평소와 다를 바가 없는 것이며 또 그것들은 자기가 하늘에서 배당받은 천록의 한도 안에서 먹어야 되는 것입니다. 남이 차렸다고 공짜라는 생각은 아예 하지 말아야 됩니다.

대식가(大食家)는 '단명(短命)의 상'

나이가 50이 지나서도 밥을 두 그릇씩 먹는 사람이 있습니다. 이때 건강하니까 식욕이 좋은 것이라고 생각하면 큰 오산입니다. 식사를 그렇게 하는 분 가운데 어느날 갑자기 쓰러져서 일어나지 못하는 경우가 많은 것입니다.

상학에서는 식사를 많이 하는 사람을 '단명(短命)의 상'으로 봅니다. 항상 소식을 하고 있는 사람은 병에 잘 걸리지 않으며 병이 나더라도 일정한 식사를 하게 됩니다. 그러나 대식을 하던 사람은 병이 한번 나면 밥을 잘 먹지 않습니다. 그것은 그전에 이미 자기몫을 거의 먹어버렸기 때문이라고 합니다. 축구선수에게 옐로카드(Yellow Card)를 보여주는 이치와 비슷합니다. 그리하여 수명의 장단(長短)은 상(相)보다 음식에 있다는 설도 있습니다.

'음식을 적게 먹어도 건강을 유지할 수 있는가?' 하는 의문이 생길 수도 있습니다. 그에 대한 해답으로 명쾌할지 모르지만 어떤 책에는 이렇게 쓰여 있습니다.

'음식은 물이나 비료와 같다. 나무에 물을 너무 많이 주면 뿌리가 썩고, 식물에 비료를 너무 많이 쓰면 오히려 죽어버린다. 음식도 지나치지 말아야 건강한 삶을 누릴 수가 있다.'

필자의 어머니는 20대에 위장병을 크게 앓아 6개월간이나 큰 병원에 입원한 일이 있는데, 그

때 30을 넘기지 못할 것 같다는 의사의 선고를 받았다고 합니다. 그런데 87세까지 장수를 누리고 돌아가셨습니다. 그분은 60년 동안 매끼 반공기 남짓한 식사에 철저한 채식주의자였습니다. 옆에서 보면, 저 정도의 식사로 어떻게 생명을 유지할 수 있을까 할 정도의 소식이었습니다.

노력한 만큼 성공하고, 오래 살기를 원하신다면 오늘부터라도 식사의 양을 줄이십시오. 언제나 좀 부족한 듯 식사를 하는 것이 개운(開運)의 첫째 비법입니다.

제때에 식사를 하면 수입이 안정된다

식사는 소식 못지않게 '제때에 먹는 것'이 중요합니다. 밥을 제때에 먹지 못하는 사람이란 극단적으로 얘기해서 거지이거나 가난해서 끼니를 잇지 못하는 사람입니다. 그렇지 않으면 인사불성이 된 중환자나 밥 먹을 틈도 없이 바쁜 사람입니다. 어느모로 보나 딱하고 고달픈 사람뿐입니다.

잘사는 사람들은 물론이거니와 정상적인 생활을 하는 사람은 아무리 바빠도 식사는 제때에 합니다. 따라서 제때에 식사를 할 수 있는 사람이 끼니를 거른다거나 기분내키는 대로 식사를 하면, 운세는 점점 나빠져서 식사를 하고 싶어도 할 수 없는 나쁜 형편에 이를 수도 있다는 것입니다. 반대로 운세가 나쁜 사람일지라도 정상적으로 제때에 식사를 하고 살면, 운세는 점점 정상으로 회복되어 좋아집니다.

이것은 수입이 안정돼야 안정된 식사를 할 수 있다는 발상에서 비롯된 것으로 수입이 다소 안정되지 않았더라도 안정된 식사를 하고 있으면 수입이 안정된다는 것입니다.

아침 겸 점심 겸 하는 식사를 영어로는 부런치(Brunch)라고 합니다. 아침식사인 Breakfast와 점심식사인 Lunch가 합쳐진 말입니다.

우리 나라에서도 밤 업소에서 일하는 호스티스의 대부분이 이런 식사를 합니다. 그것도 시간대가 일정하지 않아 오후 서너시경에 첫 식사를 하는 경우도 허다합니다. 이러한 습성은 운세도 펴지 않을 뿐 아니라 우선 건강에도 좋지를 않습니다. 필자가 잘 아는 사람 가운데 호스티스 출신으로 성공해서 자기 자신의 업소를 갖게 된 여장부들을 보면 모두가 새벽 일찍 일어나서 식사를 제때에 했다고 합니다.

택시를 타고 운전사에게 말을 걸어 보면, 점심을 제때에 먹는다는 사람이 거의 없습니다. 점심을 먹으려고 기사 식당으로 가다 보면, 손님이 손을 들기 때문입니다. 그러나 일본의 택시 운전사는 낮 12시만 되면, 대개 지체없이 점심을 먹기 시작합니다. 일본의 택시 운전사가 얼마나 점심시간을 잘 지키느냐 하는 것은 낮 12시부터는 시내 교통이 다 한산해질 정도입니다. 가다가도 차를 세워놓고 차안에서 도시락을 먹을 정도인데 그러한 습성은 시간도 많이 걸리지 않고 건강에도 좋을 뿐더러 안정된 식사를 하니까 수입도 안정되니 그보다 좋은 것이 또 어디에 있을까 싶습니다. 잘사는 나라는 택시 운전사도 운세 펴는 방법을 터득하고 있구나 하는 생각이 듭니다.

건강하려면 식사의 양을 일정하게

식사의 양이라는 것은 그때그때의 몸 컨디션과 기분에 따라 좌우되는 것입니다. 운동이나 목욕을 하고 난 뒤라든지, 기분좋은 일이나 입에 맞는 반찬이 있을 때는 평소보다 많이 먹게 됩니다. 그러나 운세도 펴고 오래 살고 싶은 사람은 식사를 언제나 일정하게 하는 것이 좋습니다.

상학에서는 식사의 양이 일정치 않은 사람은 기분이 안정되어 있지 않다고 봅니다. 따라서 기분이 불안정한 사람은 하는 사업도 불안정하고 수입도 불안정하다는 것입니다. 특히 중년 이후에 식사량이 일정치 않은 사람은 사업을 해도 손해보는 일이 많다고 합니다.

동물의 세계에서는 먹이를 구하면 실컷 먹고 못 구하면 며칠씩도 굶고 지냅니다. 식사의 양이 불규칙한 것은 수입이 불규칙하기 때문입니다.

상학에서는 언제나 일정하게 식사를 하던 사람이 갑자기 밥을 적게 먹기 시작하면 뭔가 문제가 생기는 전조(前兆)라고 보고 있습니다. 몸에 이상이 생기거나 가정불화 같은 '밥맛 떨어지는 일'이 생긴다는 것입니다. 음식의 양이 일정하다는 것은 인생이 정상적으로 가동되고 있다는 표시라고 볼 수 있습니다. 별다른 이유도 없이 식사를 거르는 사람이 있는가 하면 시도때도 없이 음식을 먹는 사람이 있습니다. 다. 이런 사람들도 다 운세가 좋지 않은 것으로 봅니다. 기분이 불안정해서 일이 되는 듯하다가도 틀어지는 수가 많다는 것입니다. 직업도 자주 바뀌는 운세라고 합니다.

음식을 먹는 자세나 버릇도 운세와 관계가 있다고 합니다. 음식 그릇쪽으로 고개를 들이대고 먹는 사람이나 입을 벌리고 음식을 털어넣듯이 먹는 사람도 모두 빈곤한 상으로 평생 운세가 펴지지 않는 딱한 상이라고 합니다.

음식은 서양사람들이 커피를 마시듯, 일본사람들이 공기밥을 먹듯 입 가까이로 가져다가 먹어야 보기에도 좋고 운세도 좋아진다는 것입니다.

의학적으로 보더라도 음식을 제때에 먹고, 늘 과식하지 않고 일정한 양을 먹는다는 것은 우선 신체의 여러 기능을 활성화시킵니다. 따라서 자연히 건강을 유지하게 되고, 몸이 건강하게 되어 일하는 의욕도 생기고 추진력도 붙게 되는 것입니다. 이런 것으로 볼 때 운세가 펴지는 것은 당연한 이치라 할 수 있습니다.

또하나 중요한 것은 이런 사소한 습관을 붙여나가는 데도 상당한 결심과 의지가 필요한 것입니다. 사실 입맛이 당기는데 숟가락을 놓는다는 것은 여간 어려운 노릇이 아닙니다. 그러나 먹는 본능 하나 자제할 수 있는 결심과 의지가 없다면 무슨 성공을 기대할 수 있겠습니까?

음식을 대할 때는 감사하는 마음으로

좋은 음식을 먹느냐, 나쁜 음식을 먹느냐 하는 것은 당연히 그 사람의 신분과 형편에 따라 차이가 있습니다. 그러나 아무리 잘사는 사람일지라도 자기 형편에 비해 검소한 식생활을 하는 것이 바람직합니다. 그래야만 운세도 발전하고 장수를 누릴 수 있다는 것입니다. 반대로 젊어서부터 맛있는 음식이나 비싼 음식만 가려먹고 찾아다니는 사람은 재산을 유지하기도 어렵고 단명에 그칠 공산이 크다고 합니다. 특히 폭식과 폭음을 계속하는 것은 만년에 객사를 하거나 파산을 하게 될지도 모른다고 하며 중년운은 말할 것도 없고 만년운은 더욱 나쁘다는 것입니다.

대식(大食)처럼 미식(美食)도 운세를 그릇친다는 발상입니다.

일본의 유명한 재계인사(財界人士)들을 보면 점심 식사는 대개 우동 정도로 때우고 삽니다. 돈이 없어서가 아니라 검소한 생활습관 때문입니다. 따라서 아무리 가난한 사람이라도 식생활을 검소하게 하고 살면 노력한 만치는 성공하기 마련입니다.

대체로 가난한 사람은 돈이 좀 생기면 우선 좋은 음식을 위해 돈을 쓰게 되는데 그때문에 언제나 가난을 면하기 어렵게 된다고 합니다.

상학에서 미식(美食)을 좋지 않게 여기는 것은 그런 상태보다 더 좋은 상태는 없기 때문입니다.

달[月]도 차면 기울 듯이, 운세도 그때부터 기울기 시작한다는 발상입니다.

음식에 관해서 또 한가지 잊지 말아야 할 중대한 일이 있습니다. 그것은 다름이 아니라 감사하는 마음입니다.

음식은 자기 생명을 유지해 주는 근본입니다. 물론 자기 자신이 장만했다고 생각하기 쉽겠지만 사실은 하늘이 내려준 배당이라 할 수 있습니다. 따라서 하늘에 감사할 줄 알아야 되는 것입니다. 기독교인이 아니라 할지라도 음식을 대할 때마다 마음속으로 감사하는 자세가 일어나지 않는다면 그 즐거움은 아무도 계속 보장해 주지 않을 것입니다.

음식은 먹기 전에 하느님께 감사드리고 먹은 뒤에도 '잘 먹었다'고 자기 자신에게 일깨워주어야 합니다. 사람의 몸은 마음의 지배를 받기 때문에, 설혹 체할 만한 음심을 먹었다 하더라도 탈없이 소화를 시킬 수 있는 능력이 생기는 것입니다. 오늘부터라도 각자가 실험해 보십시오. '잘 먹었다'는 말은 소리를 크게 내는 것이 더욱 효과적입니다.

외박이 잦으면 운세를 그르친다

'잠자리는 가려 자라'는 말이 있습니다. 특별한 경우가 아니면 제 집, 제 잠자리에서 자라는 가르침입니다.

대체로 제자리에서 잠을 자지 못하는 사람이란 제때에 식사를 하지 못하는 사람처럼 어딘가 불운한 사람들입니다. 이를테면 집이 없는 사람, 유치장이나 교도소에 들어가 있는 사람, 아니면 밤일을 하는 야근자나 출장으로 객지에 나가 있는 사람 등입니다.

판잣집이라도 잠자리는 자기 집, 자기 이불속이 편안한 법입니다. 이것을 어기고 동가숙서가식(東家宿西家食)하는 사람이 있습니다. 멀쩡하게 집을 두고도 술만 취하면 아무데서나 쓰러져 자는 사람은 모두가 운세를 그르치고 있는 것입니다. 잠도 제때에 자지 못하면 운세를 그르치기 쉽습니다. 잘 시간에 자는 습성을 길러야지, 쓸데없이 밤을 꼬박 새우거나 낮과 밤을 바꿔 생활하게 되면 운세도 좋지 않을 뿐더러 건강에도 좋지 않다고 합니다. 그 이유는 인체의 〈바이오리듬〉이 깨지기 때문입니다.

잠자리 못지않게 중요한 것은 아침에 일어나는 시간이 일정해야 됩니다. 아침 5시면 5시, 6시면 6시, 딱 시간을 정해서 일찍 일어나는 습관을 붙이는 것입니다. 아무리 늦게 잠을 잤다 해도 이것만은 꼭 지켜야 합니다. 매일 아침 해뜨기 전에 일어나

심호흡을 거르지 않는다면 '단명의 상'이라도 건강과 장수를 누릴 수 있으며 운세도 펴진다고 합니다.

기자생활을 통해서 느낀 일이지만 세상에서 돈을 크게 번 사람이라든지, 이른바 성공을 했다는 인물들은 모두가 새벽에 일찍 일어나는 습성을 가지고 있습니다. 특히 국회의원이나 유명한 정치인들은 새벽부터 부지런한 것이 특징입니다. 그들도 다 늦게까지 바쁜 사람들입니다마는 새벽의 스타트가 빠른 것입니다. 물론 부지런하다고 다 성공하는 것은 아니지만 성공한 사람이란 다 부지런하다는 사실을 잊지 말아야 합니다.

새벽에 일찍 일어나는 비결은 간단합니다. 새벽 몇 시면 나는 반드시 일어난다는 생각, 즉 자기 암시를 하고 자면 되는 것입니다. 그리고 눈을 뜨면 '참 자알 잤다'고 자기 자신에게 일러두는 것입니다. 그러면 실컷 자고난 사람처럼 몸이 가벼워집니다. 이것은 상학의 입장이 아니라 과학적인 것이니 오늘부터라도 한번 실천에 옮겨 보십시오.

당신의 운세도 점점 좋아질 것입니다.

몸은 호랑이처럼 묵직하게, 발걸음은 가볍게

걸음걸이로 운세를 바꾸는 방법도 있습니다. 호랑이가 걸어가듯, 몸 전체는 묵직하게 보이나 발걸음은 가볍게 내딛는 것입니다. 운세가 좋은 사람, 남의 윗자리에 서는 사람을 보면 무의식중에 이런 〈호랑이 걸음(虎行)〉을 하고 있는 것을 볼 수 있습니다.

사람이란 누구나 마음이 급하면 걸을 때 무의식중에 윗몸이 앞으로 쏠리게 됩니다. 또 심신이 고달픈 사람은 윗몸이 휘청휘청 흔들리면서 다리를 무겁게 질질 끌며 걷습니다. 6·25때 피난가던 사람들의 걷는 모습이 그랬습니다.

사람의 걷는 모습을 보고도 그당시의 운세를 짐작할 수 있는 것입니다. 이리저리 불려다니며 급히 심부름을 해야 되는 사환아이는 언제나 뛰다시피 다닙니다. 또 높은 사람에게 보고를 하거나 시중을 들기 위해 이리뛰고 저리뛰는 말단 직원들의 걸음걸이는 대개가 종종걸음입니다.

가족 중의 누군가가 교통사고를 당했거나 해서 경황이 없는 사람을 보면 모두가 허둥지둥 병원으로 달려갑니다. 모두 걸음걸이가 악상(惡相)입니다. 그러나 마음에 여유가 있고 남부러울 것이 없는 사람은 허리에 중심이 주어져 어깨를 딱 젖히고 점잖게 걸을 수가 있습니다. 그럴 때 발걸음은 춤추는 것처럼 가벼운 것입니다.

상학에 의하면 특별한 일도 생기지 않았는데 평소

에 허둥지둥 걷거나 휘청휘청 흔들면서 걷는 사람은 한군데 오래 살지 못하고 〈떠돌이생활〉을 하기 쉽다고 합니다. 또 평소에도 종종걸음을 걷는 사람은 심신이 고달픈 상입니다.

〈새걸음(雀行)〉을 걷는 사람도 있습니다. 좀 드문 예지만 새처럼 깡총깡총 걷는 사람입니다. 이런 사람은 재주는 있으나 지혜가 모자라며, 결단력도 없어 윗사람 노릇하기는 어렵고, 남성이면 일평생 경제적으로 쪼들리는 운세라고 합니다.

요컨대 운세를 펴기 위해서는 운세가 좋은 사람처럼 〈호랑이 걸음〉으로 유유히 걷는 것입니다. 이것은 의식적으로 노력하면 고칠 수 있는 것이니까 오늘부터라도 걷는 버릇을 고쳐 보십시오. 보기에도 멋이 있을 것입니다.

고개를 갸우뚱하는 버릇은 고쳐야 한다

여성 특유의 버릇 가운데 고개를 갸우뚱거리는 사람이 있습니다. 무엇을 보거나 말하거나 할 때 고개를 갸우뚱하는 버릇입니다. TV 인터뷰 같은 데서도 그런 여성을 가끔 봅니다. 이런 버릇은 남편 때문에 크게 속을 썩게 될지도 모른다고 하니 고치도록 합시다.

또 걸을 때 머리를 갸우뚱하고 걷는 여성이 있습니다. 이런 여성은 만년운이 좋지 않아 잘사는 집에서 태어났다 하더라도 중년 이후에 점차 운세가 기울어져 고단한 직업을 갖게 될지도 모릅니다. 고개를 갸우뚱하는 버릇은 빨리 고쳐야 운세가 펴집니다. 특히 젊은여성 가운데 이런 버릇이 있다면 주위에서 기회있을 때마다 교정해 주십시오.

여성의 걸음걸이 가운데 〈몬로 워크(Monroe Walk)〉라는 것이 있습니다. 헐리우드(Hollywood) 전성기에 일세를 휩쓸었던 마릴린 몬로의 걸음걸이에서 딴 이름입니다. 히프의 크기 때문이기도 했겠지만 의식적으로 궁둥이를 지나치게 흔들며 걸었던 것입니다.

상학에서는 궁둥이를 지나치게 흔들며 걷는 여성은 성적으로 몸가짐이 야무지지 못하고 단명하거나 만년에 비운을 맞는다고 보고 있습니다. 우연의 일치인지 모르지만 마릴린 몬로는 한창 나이에 의문의 죽음을 당했고 또 마릴린 몬로의 걸음걸이를

표방했던 초(超) 글래머 스타 제인 맨스필드 양도 어느날 자동차 사고로 비참한 죽음을 당하고 말았습니다.

몬로 워크와 두 사람의 죽음에 어떤 관련이 있었다고 단정하기는 어렵습니다만 그런 걸음걸이는 빨리 고치는 것이 좋습니다. 우선 양가집 규수의 몸가짐이 아닌 것입니다. 남성의 입장에서 볼 때 그런 여성을 조강지처로 삼고 일생을 함께 지내려는 사람은 아마도 거의 없을 것이기 때문입니다.

혼자서 중얼거리는 것은 고독한 상

혼자서 가끔 중얼거리는 사람이 있습니다. 이런 버릇은 빨리 고쳐야 합니다. 상학에서는 운이 다한 고독한 상으로 봅니다.

남과 애기할 때 다른 데를 보고 이야기하는 사람도 마찬가지입니다. 말할 때는 상대방의 눈을 똑바로 쳐다보면서 한마디한마디를 분명히 이야기할 수 있어야 사회적으로 신용도 얻고 운세도 펴질 수가 있는 것입니다. 또 신중히 생각을 하면서 자기의 의견을 천천히 이야기하는 사람은 중년부터 운세가 발전한다고 합니다.

땅바닥에 자주 침을 뱉는 남자가 있습니다. 가래가 나오는 것도 아닌데 이런 버릇이 있는 사람은 오래 살지 못한다는 설이 있는데 이것은 몸속의 물기를 자꾸 제거하는 것은 상스럽지 못하다는 발상입니다. 처음에는 제법 돈도 벌지만, 얼마가지 않아서 운이 쇠약해진다는 상입니다. 우리 나라에도 야구선수 가운데 타석에 들어서서 가끔 침을 뱉는 사람이 있었던 것으로 기억됩니다.

운세와 직접적인 관계는 없지만 조심해야 될 상대가 있습니다.

다른 사람과 대화를 할 때 우선 생긋 미소를 짓고 응대하는 여성은 몹시 좋은 인상을 주지만 실은 '음부의 상'이며 대화도중 대단한 일도 아닌데 말끝마다 '어머!' '그래요?' '저런!' 식으로 지나치게 맞장구를 치며 표정을 바꾸는 여성 또한 '다음(多淫)의 상'이라고 합니다. 뿐만 아니라 말을 할 때 자주 옷깃을 여미거나 소매끝을 만지는 여성도 '색정(色情)이 남다르고 간통의 소지가 있다'고 보고 있습니다.

대화도중 입술을 빨거나 윗니로 아랫입술을 씹는 버릇의 여성이 있는데 이는 허영심이 많고 거짓말을 잘하는 성질이라고 합니다.

이런 여성은 아무리 양귀비와 같은 미인이라 할지라도 결혼상대자로나 며느리감으로 점찍어두지 않는 것이 운세를 펴는 길인지도 모릅니다.

머리를 자주 감아야 운세도 편다

무슨 일이 잘 풀리지 않거나 큰 일을 시작할 때는 우선 머리를 감는 것이 좋습니다. 전에도 말씀드렸듯이, 상학에서는 머리 꼭대기를 하늘로 보는 발상이 있어 거기서 하늘의 도움이나 윗사람의 은덕이 비롯된다는 얘기입니다.

그런데 그 머리 꼭대기가 깨끗하지 못하면 자기가 받게 되는 은덕의 질도 좋지 못하다는 것입니다. 마치 지붕 꼭대기가 지저분할 때 비가 오면, 구정물만 내려오는 이치와 같아서 하늘의 뜰(天庭)'이라는 이마가 아무리 넓더라도 깨끗한 물을 받을 수가 없기 때문입니다. 그러므로 머리는 자주 감는 것이 좋다고 합니다.

그런 발상이 아니더라도 머리가 지저분하면 우선 자기 자신의 정신도 맑지 못합니다. 머리의 혈행(血行)이 둔해지니까 판단력도 흐려져서 일을 그르치는 수가 많습니다. 한창 히피 선풍이 불었을 때도 일본의 대기업에 종사하는 젊은 사원들은 단정하게 머리를 깎고 다닌 것을 보면 느껴지는 바가 있는 것입니다.

머리가 어수선한 사람은 윗사람에게도 믿음성을 주지 못합니다. 부수수하고 비듬이 더덕더덕 보이는 머리를 긁적거리면서 윗사람과 만나는 장면을 생각해 보십시오. 어딘가 실력이 없어 보이고 '이런 친구를 책임자로 맡겨도 될까?' 하는 의구심마저 생길 것입니다. 반대로 머리를 깨끗이 감고 나면 자기 자신의 기분도 상쾌해지고, 판단력도 뛰어나 윗사람이 만나 보면 신뢰감이 생기게 됩니다. '역시, 이 친구는 똑똑한 데가 있군?'하는 생각이 저절로 들게 될 것입니다.

머리가 깨끗하고 지저분한 정도의 차이가 아닙니다. 인사고과나 승진에 엄청난 영향이 있는 것입니다. 머리를 깨끗하게 감는다는 평범한 방법 속에 운세를 펴는 열쇠가 들어 있는 것입니다.

얼굴의 미학

글쓴이 | 윤명중
펴낸이 | 유재영
펴낸곳 | 동학사

1판 1쇄 | 1989년 7월 5일
1판 24쇄 | 2013년 12월 11일
출판등록 | 1987년 11월 27일 제10-149

주소 | 121-884 서울시 마포구 토정로 53(합정동)
전화 | 324-6130, 324-6131 · 팩스 | 324-6135
E-메일 | dhsbook@hanmail.net
홈페이지 | www.donghaksa.co.kr
www.green-home.co.kr

ISBN 89-7190-009-1 03300